KOLB/SCHWARZ

Hecken für jeden Garten

Schnitt-, Wild-, Frucht- und Blütenhecken

BLV GARTEN- UND BLUMENPRAXIS

Die Deutsche Bibliothek –
CIP-Einheitsaufnahme

Kolb, Walter:
Hecken für jeden Garten :
Schnitt-, Wild-, Frucht- und
Blütenhecken / Kolb/Schwarz. –
4., durchges. Aufl., (Neuausg.). –
München ; Wien ; Zürich :
BLV, 1998
   (BLV Garten- und Blumenpraxis)
   ISBN 3-405-15343-3

4., durchgesehene Auflage
(Neuausgabe)

BLV Verlagsgesellschaft mbH
München Wien Zürich
80797 München

BLV Garten- und Blumenpraxis

Bildnachweis

Apel: 8, 48, 49, 85, 91, 103, 115
Burda: 102 o
Felbinger: 6, 21 r, 36, 43, 51, 72 ol, 74,
90, 119, 124
Jesse: 201
Kolb/Schwarz: 7, 23, 31, 35, 50 o, 54,
73, 75, 84, 86, 88, 98, 99, 101, 102 u,
104, 121, 122
Sammer: 10, 21 l, 26, 58 o, 72 or, 89,
120, 123
Seibold: 58 u, 72 u, 92
Seidl: 13, 20 r, 34, 40, 42, 44, 45, 50 u,
93, 100
Stehling: 2, 11, 25, 27, 44 o, 59, 114

Grafiken: Helga Zott
Umschlagfoto vorn: Martin Stangl
Rückseite: Reinhard-Tierfoto

Lektorat: Katja Holler

Einbandgestaltung: Studio Schübel,
München
Gesamtherstellung: R. Oldenbourg,
München
Gedruckt auf chlorfrei gebleichtem Papier

Printed in Germany · ISBN 3-405-15343-3

Inhalt

Von jeher gehört die Hecke zum Garten und zur Landschaft. Seitdem der Mensch den Boden kultiviert, hat er das Bedürfnis, seine Felder, den Hofraum und den Garten abzugrenzen. Schon der Name Hecke geht im Wortstamm auf die Bezeichnung »Hag« zurück, was soviel wie lebende Einfriedung bedeutet. Der Wunsch des Menschen nach Geborgenheit wird hier deutlich. War früher die Hecke vorwiegend als Schutz gegen die nicht bewirtschaftete Naturlandschaft vorgesehen, so gilt diese Schutzwirkung heute zwar auch noch gegen ungünstige, natürliche Beeinflussung, z. B. Wind; zunehmend sollen mit ihr in der heutigen Zeit die Freiräume gegen die Auswirkungen der Zivilisation geschützt werden.

Dieser Landschaftsraum erhält sein unverwechselbares Gesicht vorwiegend durch heckenartige Strukturen.

In der Landschaft zählt die freiwachsende Hecke zu den wichtigsten Strukturelementen. Ohne Hecken ist die Gestaltung von Gärten und Grünflächen kaum denkbar. Es lassen sich mit Hecken sowohl große als auch kleine Grünräume gestalten. Eine sonnige Terrasse wird erst durch den Windschutz einer Hecke wohnlich. Der Boden des Gemüsegartens hinter einer Hecke bleibt ohne Erosion erhalten und muß weniger bewässert werden. Mülltonnen oder Autostellplätze können hinter Hecken versteckt werden und sind gleichzeitig gut beschattet, Gartenräume werden überschaulich und nutzbar durch sinnvoll angelegte Hecken. Im Vorgarten kann sie Hunde abhalten und Abgrenzungen deutlich machen. Hecken sind auch in der Lage, einen Teil des Straßenlärms vom Garten abzuhalten und Staub aus der Luft zu filtern. Der Igel und andere geschützte Tiere finden hier ihre Nahrung, und für viele junge Vögel ist die Hecke die Kinderstube. Daneben erfreut sie uns mit vielfältigem Laubwerk, bunten Farben von Blüten, Blättern und Zweigen; sogar Früchte können wir ernten.

Man sieht, die Hecke ist eine schöne und nützliche Sache. Damit Sie auch Ihre Freude daran haben, wurden in diesem Büchlein Empfehlungen und Hinweise zur Gestaltung, Pflanzung und Pflege zusammengetragen.

Hecken für landschafts-orientierte Gärten

Aufbau und Funktion

Am Rande von Siedlungen kommt der landschaftlichen Einbindung der Häuser und Gärten eine besondere Bedeutung zu. Die Grenzen zwischen dem Siedlungsbereich, in dem die baulichen Elemente meist überwiegen, und der Landschaft, in der auch bei intensiver Nutzung noch naturnahe Elemente dominieren, verlangt eine besonders einfühlsame Gestaltung. Der Wohnwert von Grundstücken, die sich am Rande bebauter Gebiete befinden, ist vor allem durch die Öffnung und Einbeziehung der anschließenden Landschaft in die Wohn- und Gartenräume gekennzeichnet. In diesem Zusammenhang wäre anzustreben, solche Anbindungen zu erhalten und zu fördern. Hier könnten heckenartige Pflanzungen teilweise trennend wirken. Für die Gesamtsituation einer Siedlung ist allerdings auch ein harmonischer Übergang der Bebauung in die Landschaft von Bedeutung. Bäume und Sträucher mildern die oft harten Konturen der Bauwerke und sind so auch in der Lage, manches weniger gelungene Haus für das Siedlungsbild akzeptabel werden zu lassen.

Aus Gründen des Sicht- und Windschutzes und um dem Bedürfnis nach Abgeschlossenheit entgegenzukommen, bietet sich eine Bepflanzung an, die sowohl durch die

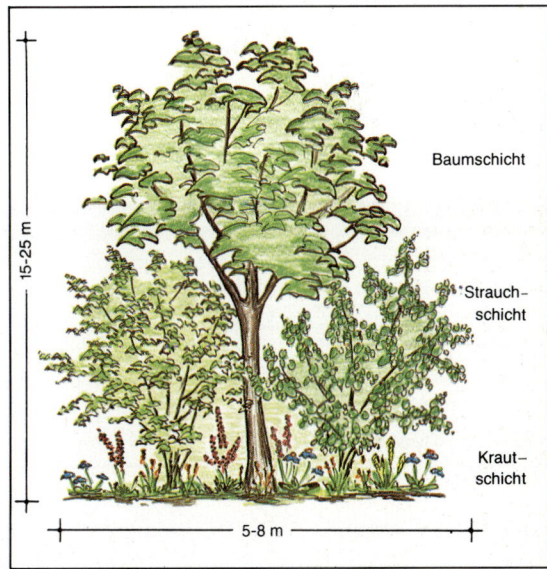

Der Aufbau mehrschichtiger Hecken aus Bäumen, Sträuchern und Kräutern entspricht dem Leitbild naturnaher Wälder. Zwei Waldränder zusammen ergeben einen solchen »Heckenwald«.

Links: Spitzahorn

Baumschicht

Strauch-schicht

Kraut-schicht

15–25 m

5–8 m

Bei diesem Garten wurde die Landschaft geschickt in die Gestaltung miteinbezogen. Die der Landschaft zugewandte Seite der Hecke besteht vorwiegend aus heimischen Gehölzen.

Verwendung von Bäumen großräumig wirksam wird als auch durch die Anpflanzung von Sträuchern mit geringerer Wuchshöhe, die Aussicht auf die Landschaft offen läßt. Reich gegliederte Feldhecken erfüllen diese Forderung, wobei bodenständige Gehölze langfristig den geringsten Pflegeaufwand verursachen. Solche Pflanzungen können in ihrer Höhe sehr unterschiedlich konzipiert werden. Dadurch wird der Garten selbst räumlich gegliedert und zur Landschaft hin geöffnet. Außerdem bezieht eine solche Hecke mit verschiedenen Pflanzenhöhen die Gärten mit in die Landschaft ein. Solche Pflanzengemeinschaften bestehen aus:
– der Baumschicht
– der Strauchschicht
– der Krautschicht.

Naturnahe Wälder weisen eine ähnliche dreischichtige Struktur auf. Tatsächlich könnte man sagen, diese Hecken sind ein kleiner Wald auf engstem Raum – praktisch zwei Waldränder (vergl. Schema 1) zusammen. Diese Formation besticht durch ihre Vielfalt und Reichgliedrigkeit und ist deshalb besonders leistungsfähig. Ein Grund mehr, diese Hecken soweit dies aus Platzgründen möglich ist, in Gärten anzupflanzen. Natürlich wird man sich vor allem auf kleinen Grundstücken einen solchen »Heckenwald« nicht immer leisten können. Neben einer Breite von 5–8 m ist vor allem auch die spätere Höhe der Bäume zu berücksichtigen. Die Beschattung des eigenen Grundstückes oder der angrenzenden Flächen durch die Heckenanpflanzung ist zu überprüfen.

Eberschen im Spätsommer ▷

Naturhecken

Gesetzliche Regelungen

Es sind außerdem gesetzlich geregelte Grenzabstände einzuhalten, um spätere unliebsame Auseinandersetzungen mit den Nachbarn zu vermeiden (vergl. Tabelle 1, S. 12). Die Angaben der Tabelle 1 stellen einen unvollständigen Auszug des Nachbarrechtes in der Bundesrepublik Deutschland dar. Da die Daten in den verschiedenen Ländern im Rahmen der Gesetzgebung Änderungen unterworfen sind, muß sich der Gartenbesitzer im Zweifelsfall bei den zuständigen Behörden (Kreisverwaltungsbehörden, Bauämtern o. ä.) vor Durchführung der Pflanzung informieren.

Tabelle 1 Gesetzliche Grenzabstände für Bäume und Sträucher in der Bundesrepublik Deutschland (Übersicht)

Pflanzenart	Grenzabstand gemäß Nachbarrecht in cm				
	Bayern	Baden-Württemberg	Hessen	Nordrhein-Westfalen	Rheinland-Pfalz
Bäume, nicht stark wachsend	200	200	200	200	150
Zier- und Blütensträucher, stark wachsend, bis oder um 2 m hoch	50	2–4 m hoch 200	100	100	100
Zier- und Blütensträucher, schwach wachsend, 1 bis 2 m hoch	50	100	50	50	50
Hecken über 2 m	200	Höhe der Hecke minus 100	75	100	75
Hecken bis 2 m	50	100	50	50	75
Hecken bis 1,5 m	50	50	50	50	50
Hecken bis 1,2 m	50	50	25	50	50
Hecken bis 1 m	50	50	25	50	25

Weißdorn bietet nicht nur schöne Blüten, sondern auch Schutz und Nahrung für Vögel.

Pflanzenauswahl

Die Auswahl geeigneter Pflanzenarten für den jeweiligen Verwendungszweck gehört zu den schwierigsten Aufgaben des Gärtners. Bei der Konzeption von Hecken, insbesondere von mehrschichtig aufgebauten Pflanzungen aus Bäumen, Sträuchern und Kräutern ist dies nicht anders, sind dabei doch viele Dinge zu berücksichtigen. Vor allem kommt es darauf an, die voraussichtliche Wuchsentwicklung einer Pflanze abzuschätzen. Es stellen sich z. B. die Fragen, ob sie baumartig wird oder ein kleiner Strauch, ob sie langsam wächst oder schnell. Nach diesen Vorgaben kann man der Hecke die richtige spätere Raumgröße zuordnen, die sie zum Wachsen und Gedeihen benötigt. Darüber hinaus muß man wissen, welche Anforderungen von den Pflanzenarten an den Standort gestellt werden. Zwar gibt es einige, die fast überall wachsen, die meisten stellen jedoch an den Boden und an den Lichtgenuß sehr spezifische Ansprüche, die zu beachten sind. Auch Blütezeit, Fruchtbildung, Herbstfärbung und andere spezielle Eigenschaften sollten bekannt sein, um erfolgreich Pflanzen miteinander zu vergemeinschaften, so daß sie gut gedeihen und der Gartenbesitzer möglichst viel Freude an seiner Hecke hat.

Für landschaftsorientierte, mehrschichtig aufgebaute Hecken finden Sie eine Auswahl der geeigneten heimischen Gehölze einschließlich der wichtigsten Angaben, die für die Vergemeinschaftung wissenswert sind, in der Tabelle 2 (S. 14).

Naturhecken

Tabelle 2 Ansprüche und Eigenschaften geeigneter Pflanzen für landschaftsorientierte Hecken

Pflanzenart Deutscher Name	Botanischer Name	Wuchshöhe in m	Blütezeit	Blütenfarbe
Feldahorn	*Acer campestre*	10–15	IV–V	gelb
Spitzahorn	*Acer platanoides*	20–30	IV–V	gelb
Bergahorn	*Acer pseudoplatanus*	30–40	V–VI	gelb
Dreilappahorn	*Acer monspessulanum*	8–12	V–VI	gelb
Roßkastanie	*Aesculus hippocastanum*	20–30	V	weiß
Schwarzerle	*Alnus glutinosa*	15–20	III	rotbraun
Grauerle	*Alnus incana*	15–20	III	rotbraun
Gewöhnliche Felsenbirne	*Amelanchier ovalis*	1–2	IV–V	weiß
Gewöhnlicher Sauerdorn	*Berberis vulgaris*	1–2	V	gelb
Sandbirke	*Betula pendula*	15–25	IV–V	grünlich
Hainbuche	*Carpinus betulus*	20–30	V–VI	grünlich
Alpenwaldrebe	*Clematis alpina*	3–4	V–VI	blau
Bergwaldrebe	*Clematis montana*	5–8	V	weiß
Waldrebe	*Clematis vitalba*	5–10	V–VI	weiß
Kornelkirsche	*Cornus mas*	3–5	III–IV	gelb
Roter Hartriegel	*Cornus sanguinea*	3–4	V	weiß
Haselnuß	*Corylus avellana*	3–5	II–III	gelb
Zwergmispel	*Cotoneaster integerrimus*	1–1,5	V–VI	weiß
Eingriffeliger Weißdorn	*Crataegus monogyna*	4–6	V–VI	weiß

Naturhecken

Stand: O = volle Sonne, ◑ = Halbschatten, ● = Schatten

Stand	Bevorzugte Bodenart	Bemerkungen
O–●	mittel bis schwer	gelbe Herbstfärbung
O–◑	mittel bis schwer	Bienenweide, blüht vor Laubaustrieb
O–◑	mittel bis schwer	Bienenweide, blüht nach Laubaustrieb, gute Herbstfärbung
O	leicht bis mittel	sehr dichter Wuchs, gelbe Herbstfärbung
O–◑	mittel bis schwer	kaum Unterpflanzung möglich
O–◑	mittel bis schwer	Pioniergehölz für frische Standorte
O–◑	leicht bis schwer	Pioniergehölz für trockene Standorte
O	leicht bis mittel	eßbare Beeren, Ausläufer
O–◑	leicht bis mittel	eßbare Beeren, alte Heilpflanze
O	leicht bis mittel	Pioniergehölz für sandige Böden, gelbe Herbstfärbung
O–●	mittel bis schwer	sehr dichter Wuchs, gelbe Herbstfärbung
◑	mittel bis schwer	zur Berankung großer Sträucher geeignet
◑	mittel bis schwer	zur Berankung von Bäumen geeignet, Blüten leicht duftend
◑	leicht bis schwer	nur zur Berankung von großen Bäumen, kalkliebend, Blüten leicht duftend
O–◑	leicht bis mittel	Früchte eßbar, langsamer Wuchs
O–●	leicht bis schwer	rötliche Rinde, anspruchslos an Boden und Standort, rote Herbstfärbung
O–●	leicht bis schwer	Bienenweide
O	leicht bis mittel	hochrote Beeren
O–◑	leicht bis schwer	roter Beerenschmuck, Vogelschutzgehölz, Blüte unangenehm riechend

Naturhecken

Zweigriffeliger Weißdorn	*Crataegus laevigata*	2–5	V–VI	weiß bis rosa
Schwarzer Ginster	*Cytisus nigricans*	1–2	VI–VII	gelb
Purpurginster	*Cytisus purpureus*	0,5–1	VI–VII	purpurrot
Regensburger Ginster	*Cytisus ratisbonensis*	1–1,5	V–VI	gelbbraun
Besenginster	*Cytisus scoparius*	1–2	V–VI	goldgelb
Seidelbast	*Daphne mezereum*	bis 1	III–IV	lila
Pfaffenhütchen	*Euonymus europaeus*	3–5	V–VI	gelblich-grün
Buche	*Fagus sylvatica*	20–30	V	gelblich
Esche	*Fraxinus exclesior*	30–40	IV–V	gelblich
Färberginster	*Genista tinctoria*	bis 1	VI–VIII	gelb
Sanddorn	*Hippophaë rhamnoides*	4–6	III–IV	gelblich-braun
Nußbaum	*Juglans regia*	20–30	IV–V	gelblich
Alpengoldregen	*Laburnum alpinum*	3–6	V–VI	gelb
Gewöhnlicher Goldregen	*Laburnum anagyroides*	5–6	V–VI	gelb
Liguster, Rainweide	*Ligustrum vulgare*	3–5	VI–VII	weiß
Schlingendes Geißblatt	*Lonicera caprifolium*	3–5	V–VI	gelblich weiß
Blaue Heckenkirsche	*Lonicera caerulea*	1–2	IV–V	gelblich weiß
Waldgeißblatt	*Lonicera periclymenum*	3–4	V–VI	gelblich weiß
Rote Heckenkirsche	*Lonicera xylosteum*	2–3	V–VI	gelblich weiß
Wildapfel	*Malus sylvestris*	6–8	IV–V	weiß bis rosa

○–◑	leicht bis schwer	roter Beerenschmuck, Vogelschutzgehölz, Blüte unangenehm riechend
○	leicht bis mittel	auffälliger Blütenschmuck
○	leicht bis mittel	auffälliger Blütenschmuck, für warme Standorte
○	leicht bis mittel	auffälliger Blütenschmuck, für warme Standorte
○	leicht bis mittel	kalkfreier Standort, alle Ginsterarten sind leicht giftig
◑–●	mittel bis schwer	stark giftige, rote Beeren
◑–●	leicht bis schwer	giftige, rote Früchte, gute Herbstfärbung
◑–●	mittel bis schwer	gelbbraune Herbstfärbung, eßbare Früchte
○–◑	mittel bis schwer	für frische bis feuchte, tiefgründige Böden
○	leicht bis mittel	häufig Blattlausbefall, nicht alterungsfähig, jedoch Selbstaussaat
○	leicht bis mittel	eßbarer Beerenschmuck, starke Ausläufer
○	leicht bis schwer	nicht für spätfrostgefährdete Lagen, lieben nahrhaften, tiefgründigen Boden
○–◑	mittel bis schwer	giftig, duftende Blüten
○–◑	leicht bis schwer	giftig, nicht duftende Blüten
○–●	leicht bis schwer	schwarze Früchte, giftig, in geschützten Lagen wintergrün
◑–●	mittel bis schwer	rote Beeren, giftig, Schlinger für kleine Bäume
◑–●	mittel bis schwer	schwarzblaue Früchte, giftig, rotbraune Rinde, früher Austrieb
◑–●	mittel bis schwer	rote Beeren, giftig, Schlinger für kleine Bäume und Großsträucher
◑–●	leicht bis schwer	rote Beeren, giftig, früher Austrieb, gern auf trockenen Standorten
○	leicht bis schwer	verwertbare Früchte, Vogelschutzgehölz, dornähnliche Kurztriebe

Naturhecken

Espe, Zitterpappel	*Populus tremula*	20–30	III–IV	braun
Vogel-Kirsche	*Prunus avium*	20–25	IV–V	weiß
Gemeine Pflaume	*Prunus domestica*	6–8	IV	weiß
Steinweichsel	*Prunus mahaleb*	5–7	V	weiß
Traubenkirsche	*Prunus padus*	10–15	IV–V	weiß
Schlehe, Schwarzdorn	*Prunus spinosa*	2–4	IV–V	weiß
Birnbaum	*Pyrus communis*	10–15	IV–V	weiß
Traubeneiche	*Quercus petraea*	30–40	V–VI	gelblich
Stieleiche	*Quercus robur*	20–30	V–VI	gelblich
Kreuzdorn	*Rhamnus catharticus*	6–8	V–VI	gelblich-grün
Gewöhnlicher Faulbaum	*Rhamnus frangula*	bis 5	V–VI	gelblich
Alpenjohannis-beere	*Ribes alpinum*	1–2	IV–V	gelblich-grün
Feldrose	*Rosa arvensis*	1–2	VI–VII	rosa bis weiß
Hundsrose	*Rosa canina*	bis 3	VI–VII	rosa bis weiß
Bibernell-Rose	*Rosa pimpinellifolia*	bis 1	V–VI	weiß
Weinrose	*Rosa rubiginosa*	2–3	VI	hellrosa
Gewöhnliche Brombeere	*Rubus fruticosus*	2–3	VI–VII	weiß bis rosa
Silberweide	*Salix alba*	20–25	III	gelblich
Ohrweide	*Salix aurita*	3–4	IV	gelblich
Salweide	*Salix caprea*	8–10	III–IV	gelb
Reifweide	*Salix daphnoides*	8–12	III–IV	gelb

○–◑	leicht bis schwer	Pioniergehölz auch für trockene Standorte, ausläufertreibend
○	leicht bis mittel	eßbare Früchte, sehr raschwüchsiger Baum, starke Selbstaussaat, Wurzelbrut
○–◑	mittel bis schwer	eßbare Früchte, Wurzelbrut
○–◑	leicht bis mittel	breiter Wuchs, Blüten duftend, kleine, schwarze Früchte
◑–●	mittel bis schwer	Blüten duftend, Rinde faulig riechend
○	leicht bis schwer	eßbare Früchte, Vogelschutzgehölz, häufiger Befall von Gespinnstmotte, Ausläufer!
○	leicht bis schwer	eßbare, orange-gelbe Früchte, Herbstfärbung
○	mittel bis schwer	langsamer Wuchs, gerader, schäftiger Stamm
○	mittel bis schwer	langsamer Wuchs, stark ästiger, unregelmäßiger Baum
○–◑	leicht bis mittel	schwarze Beeren, giftig, Vogelschutzgehölz, Wirtspflanze des Getreiderostes!
○–◑	mittel bis schwer	schwarze Beeren, giftig, gelbe Herbstfärbung, für frische Standorte
◑–●	mittel bis schwer	besonders zur Unterpflanzung geeignet
○–◑	leicht bis mittel	Blüten ohne Duft, große Einzelblüten, kriechender Wuchs, Vogelschutzgehölz
○–◑	leicht bis schwer	duftende Blüten, Vogelschutzgehölz, zierende Hagebutten
○–◑	leicht bis mittel	schwarz-braune Hagebutten, stark ausläufertreibend
○–◑	leicht bis mittel	Blätter nach Apfel duftend, scharlachrote Hagebutten, Vogelschutzgehölz
○–●	leicht bis schwer	eßbare Früchte, Vogelschutzgehölz, bei Pflanzung auf Herkünfte achten!
○	mittel bis schwer	schnellwüchsiger Baum für feuchte Standorte
○–◑	leicht bis schwer	breitlagernder Wuchs, für feuchte Standorte
○	leicht bis schwer	sehr wichtige Bienenweide, für trockene Standorte geeignet
○	mittel bis schwer	Bienenweide, Zweige bläulich-weiß bereift

Naturhecken

Purpurweide	*Salix purpurea*	3–5	IV–V	gelb
Schwarzer Holunder	*Sambucus nigra*	4–6	VI–VII	weiß
Traubenholunder	*Sambucus racemosa*	2–3	IV–V	gelblich-grün
Mehlbeerbaum	*Sorbus aria*	6–12	V	weiß
Vogelbeerbaum	*Sorbus aucuparia*	10–15	V	weiß
Speierling	*Sorbus domestica*	15–20	V–VI	weiß
Elsbeere	*Sorbus torminalis*	10–15	V–VI	weiß
Winterlinde	*Tilia cordata*	25–30	VI	gelblich weiß
Sommerlinde	*Tilia platyphyllos*	30–40	VI	gelb
Wolliger Schneeball	*Viburnum lantana*	3–5	V–VI	weiß
Gewöhnlicher Schneeball	*Viburnum opulus*	2–4	V–VI	weiß

Kornelkirsche

Eberesche

○	mittel bis schwer	Bienenweide, für frische Standorte
○–●	leicht bis schwer	eßbare, schwarze Beeren, duftende Blüten
○–●	leicht bis schwer	eßbare, rote Beeren, sehr früher Austrieb
○–◑	leicht bis mittel	eßbare, rote Beeren, weißfilziger Austrieb
○–◑	leicht bis schwer	eßbare, rote Beeren, orangefarbene Herbst-färbung, raschwüchsig
○–◑	leicht bis schwer	eßbare, gelblich-grüne Früchte
○–◑	leicht bis schwer	braune, hellpunktierte Beeren, rote Herbst-färbung
○–◑	mittel bis schwer	Bienennährpflanze, stark duftende Blüten
○	mittel bis schwer	Bienennährpflanze, stark duftende Blüten
○–●	leicht bis schwer	giftige, rot-schwarze Beeren, für warme, trockene Stellen, kalkliebend
○–●	mittel bis schwer	giftige, hochrote Beeren, häufig Blattlaus-befall, für frische bis feuchte Böden

Schwarzer Holunder

Pfaffenhütchen

Naturhecken

Bodenvorbereitung

Die meisten Pflanzenarten der Tabelle 2 sind anspruchslos. Das liegt schon daran, daß sie meist wild vorkommen und sich mit der natürlichen Leistungsfähigkeit des Bodens begnügen. Selbstverständlich sind individuelle Unterschiede vorhanden. Wichtig ist, daß vor allem bei schweren, bindigen Böden der Untergrund gelockert wird. Dies geschieht bei neuanzulegenden Gärten am besten mit einer geeigneten Maschine (Aufreißer, Tiefpflug) vor dem Andecken des Oberbodens. Selbstverständlich ist die Lockerung von Hand, z. B. mit der Spitzhacke oder dem Spaten, möglich. Eine Lockerungstiefe von etwa 20–40 cm ist sinnvoll, so daß nach dem Oberbodenauftrag von 20 bis 30 cm ein gelockerter Wurzelraum von 40–70 cm vorhanden ist. Der angedeckte Oberboden ist mit einer Fräse oder mit dem Spaten zu lockern. Auf die Zugabe von Torf und Dünger kann zumeist verzichtet werden.

Bei der Fülle der zur Verfügung stehenden Arten ist praktisch für jeden Boden eine passende Zusammenstellung standortgerechter Stauden und Gehölze möglich.

Eine starke Düngung wirkt sich unter Umständen sogar negativ aus, da hierbei nährstoffliebende Ackerunkräuter gefördert werden; für die erforderliche Beseitigung sind dann wieder zusätzliche Pflegeaufwendungen zu betreiben.

Pflanzgröße und Pflanzabstand

Baumartig wachsende Gehölze sollten als sogenannte Heister oder als Stammbüsche gepflanzt werden. Heister sind mehrmals verpflanzte Gehölze, die noch keine Krone, aber schon Seitenzweige besitzen und gut bewurzelt sind. Stammbüsche sind mindestens 2,5 m hoch, mindestens 2mal verpflanzt und besitzen eine besonders volle Zweiggarnierung. Dies sind in Baumschulen erhältliche Qualitäten, welche einen weitgehend natürlichen Wuchs aufweisen.

Wenn ohne Rückschnitt gepflanzt werden soll, sind Heister und Stammbüsche mit Ballen zu pflanzen. Setzt man Bäumchen, deren Wurzeln nicht in geschlossenen Ballen gewachsen sind, muß meistens ein Rückschnitt bei der Pflanzung erfolgen. Für die Fälle, bei denen möglichst bald nach der Pflanzung bereits eine wirksame Hecke erreicht werden soll, könnten auch Solitärpflanzen verwendet werden. Diese sind besonders voll garniert, d. h. sie sind schon größer und reicher mit Ästen und Zweigen besetzt, besitzen im Regelfall einen Erdballen und kosten etwas mehr. Bei den Baumartigen sollte der Abstand ca. 6–10 m betragen.

Strauchartig wachsende Gehölze werden meist als Sträucher mit Ballen oder Solitärs mit Ballen gehandelt. Sträucher ohne Ballen sollten fast ausnahmslos bei der Pflanzung etwa um ein Drittel bis zur Hälfte zu-

Links oben: Heckenpflanze der Hainbuche; die dichte Verzweigung wird durch Schnittmaßnahmen in der Baumschule erreicht.

Rechts oben: Bei Heckenpflanzen mit Ballen sind nur geringe Schnittkorrekturen durch Einkürzen zu langer Triebe notwendig.

Links Mitte: Vorbildlich verzweigter Strauch ohne Ballen, vor dem Rückschnitt.

Rechts Mitte: Derselbe Strauch pflanzfertig geschnitten.

Rechts unten: Gehölze im Container wie hier die Rainweide, lassen sich ganzjährig problemlos pflanzen.

Naturhecken

rückgeschnitten werden. Ballen-
pflanzen müssen nicht geschnitten
werden. Es sei denn, daß verletzte
Triebe oder sonstige Verletzungen
vorhanden sind.
Der Pflanzabstand bei Sträuchern
muß der Wuchskraft der jeweiligen
Art angepaßt werden. Durchschnittlich kann man mit einem Pflanzabstand von 1,5–2 m rechnen. Nähere
Angaben zu den verschiedenen
Pflanzenarten enthält die Tabelle 2
(S. 14).

Pflanzung

Die Pflanzgruben sollten ca. 1,5- bis
2mal so groß sein wie das Wurzel-
werk oder der Ballen. Das Ballenlei-
nen muß zumindest am Wurzelhals
geöffnet werden. Außer bei nicht
verrottbaren Kunststoffleinen kann
das Ballentuch verbleiben, weil unter Umständen bei der vollständigen
Entfernung der Ballen zerfällt.
Alle größeren Pflanzen müssen
durch Verankerung mit Holzpfählen
gesichert werden, damit die sich bil-
denden Faserwurzeln nicht durch
Windeinwirkung losgerissen werden. Bewährt hat sich das Anbinden
mit Kokosstricken, die eine solide
Befestigung gewährleisten. Bei
Pflanzen mit Ballen ist schräg zu
pfählen, damit der Pfahl nicht durch
den Wurzelballen geschlagen werden muß. Beim Pflanzvorgang ist
gründlich mit ca. 30–40 Liter/m^2 zu
wässern, dabei werden die im Wurzelbereich verbliebenen Hohlräume
des Bodens eingeschlämmt.

Pflege

Im Verlauf der ersten Vegetations-
periode nach dem Pflanzen muß bei
Trockenheit gelegentlich gewässert
werden. Im übrigen ist in den ersten
beiden Vegetationsperioden der
Aufwuchs von Ackerunkräutern zu
entfernen, der ja mit den jungen
Bäumen und Sträuchern um Wasser
und Nährstoffe konkurriert. Günstig
ist es, solche Flächen mit Rinde,
Stroh oder ähnlichen Stoffen ca. 5
cm dick abzudecken. Dadurch wird
unerwünschtes Unkraut zurückgedrängt und das Bodenwasser erhalten. Im Verlauf der weiteren Entwicklung der Pflanzung sollten vor
allem solche Gehölze herausgenommen werden, die nur als rasch-
wüchsige Pioniere auf schlechten
Standorten für eine ausreichende
Anfangsentwicklung sorgen sollen.
Dazu zählen insbesondere Weiden,
Pappeln und Erlen. Diese Gehölze
wirken nach einigen Jahren stark
verdrängend auf die Pflanzen in ihrer Nachbarschaft. Sie sind deshalb
nach ca. 3–5 Jahren zu entfernen,
um den eigentlich gewünschten Gehölzarten ausreichend Platz zur
Entwicklung zu lassen. Auf durch-
schnittlichen und guten Standorten
kann auf solche Pioniergehölze verzichtet werden.

Pflanzbeispiele

Alle Pflanzbeispiele sind als maß-
stabsgetreue Grundriß-Pflanzpläne
in diesem Büchlein enthalten. Unter

Naturhecken

Diese wuchtige Feldhecke entspricht etwa dem Vorschlag auf Pflanzplan 1.

Verwendung der graphischen Maßstableiste können für jede Pflanze die Pflanzabstände ermittelt werden. Dies gibt Ihnen die Möglichkeit, die Pflanzung mühelos vom Plan auf die tatsächliche Pflanzfläche im Garten zu übertragen.

Feldhecke für große Gärten

Nachfolgend werden exemplarisch einige Pflanzengemeinschaften vorgestellt, die sich für die Schaffung von ungeschnittenen Hecken für Grundstücke eignen, die land-

schaftsorientiert gestaltet werden sollen. Diese Beispiele müssen selbstverständlich im Einzelfall unter Berücksichtigung der örtlichen Situation variiert und angepaßt werden. Sie sind als Hinweise für eine sinnvolle Vergemeinschaftung verschiedener Gehölzarten gedacht, ohne die Experimentierfreude des Gartenfreundes einengen zu wollen. In vielen Fällen können diese Pflanzvorschläge auch unverändert übernommen werden. Vor allem Gartenfreunde, die bisher weniger Erfahrung im Umgang mit Pflanzen haben, sollten sich enger an solche Vorgaben halten.

Der Pflanzplan 1 (S. 28) enthält einen Vorschlag zur Pflanzung einer landschaftsorientierten Hecke mit ausschließlich heimischen Gehölzen, die sich für normale Gartenböden und für kräftige Lehmböden eignen. Angenommen ist dabei eine Heckenlänge von 25 m und eine Breite von 5 m. Die Hecke wird ausgesprochen dicht und erfüllt auch Zwecke des Lärmschutzes, besonders, wenn zusätzlich ein entsprechender Erdwall aufgeschüttet wird. Hainbuche, Feldahorn und Liguster geben dieser Gemeinschaft eine sehr dichte Struktur mit massivem Sichtschutz. Die wintergrüne Auslese der heimischen Rainweide als wesentliche Gehölzart für die Unterpflanzung sorgt auch im Winter noch für genügend Blattwerk, um in der vegetationsfreien Zeit diese Funktion zu gewährleisten.

Gartenseite einer Wildhecke im Herbst ▷

Naturhecken

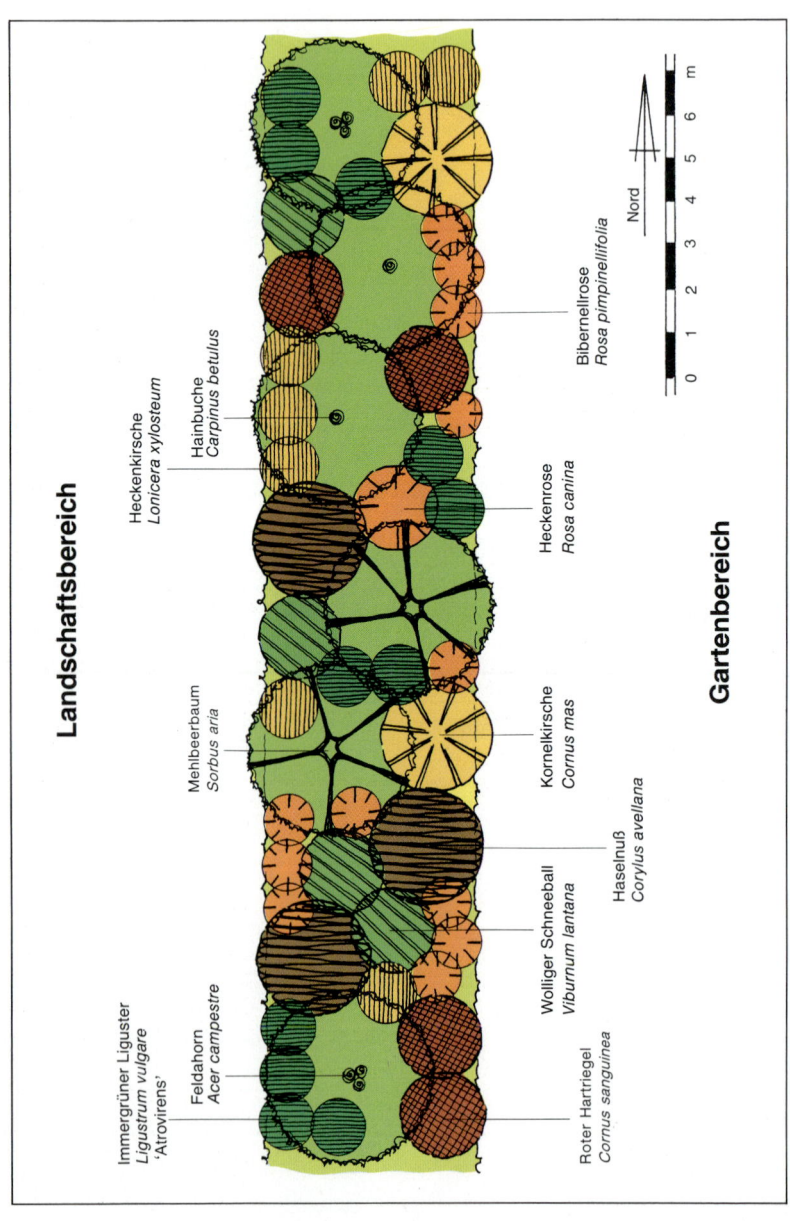

Landschaftsbereich

Gartenbereich

Immergrüner Liguster
Ligustrum vulgare
'Atrovirens'

Feldahorn
Acer campestre

Mehlbeerbaum
Sorbus aria

Heckenkirsche
Lonicera xylosteum

Hainbuche
Carpinus betulus

Bibernellrose
Rosa pimpinellifolia

Heckenrose
Rosa canina

Kornelkirsche
Cornus mas

Haselnuß
Corylus avellana

Wolliger Schneeball
Viburnum lantana

Roter Hartriegel
Cornus sanguinea

Nord

0 1 2 3 4 5 6 m

Naturhecken

Tabelle 3 Pflanzenbedarf und Kosten – Feldhecke für große Gärten

Stück	Art	Qualität	Einzel-preis ca.	Gesamt-preis ca.
2	Feldahorn *Acer campestre*	Solitär 3 × v. mit Ballen, 200–250 cm	82,–	164,–
4	Roter Hartriegel *Cornus sanguinea*	v. Str. 4 Tr., 60–100 cm	7,–	28,–
2	Mehlbeerbaum *Sorbus aria*	Hei 2 × v., 200–250 cm	43,–	86,–
2	Hainbuche *Carpinus betulus*	Hei mB. 200–250 cm hoch	110,–	220,–
3	Haselnuß *Corylus avellana*	v. Str. 4 Tr., 60–100 cm	10,–	20,–
11	Immergrüner Liguster *Ligustrum vulgare* 'Atrovirens'	v. He. ab 6 Tr., 60–100 cm	7,50	82,50
7	Heckenkirsche *Lonicera xylosteum*	v. Str. 4 Tr., 60–100 cm	6,50	45,50
11	Bibernellrose *Rosa pimpinellifolia*	v. Str. 3 Tr., 60–100 cm	8,–	88,–
3	Wolliger Schneeball *Viburnum lantana*	v. Str. 4 Tr., 60–100 cm	8,–	24,–
2	Kornelkirsche *Cornus mas*	v. Str. 3 Tr., 60–100 cm	15,–	30,–
1	Heckenrose *Rosa canina*	v. Str. 3 Tr., 60–100 cm	5,50	5,50

Gesamtpreis ca. DM 793,50

Stand Frühjahr 1998, Abkürzungen siehe Seite 75

Naturhecken

Der Reiz der Pflanzung liegt vor allem in ihrer Naturhaftigkeit. Es dürfen deshalb auch keine übertriebenen Erwartungen an den Blütenreichtum gestellt werden. Trotzdem sind im Jahresablauf überraschende Blüten-, Blatt- und Fruchtwirkungen gegeben.

Im zeitigen Frühjahr bringen Haselnuß und Kornelkirsche die ersten Blüten, die bei dieser Pflanzung ruhig auch, in angemessenem Rahmen, für die Vase geschnitten werden können, sofern man sie nicht für die Bienen als erste Futterstelle belassen will. Das erste, frische Laub ziert die Heckenkirsche, und später folgen die rosa Blüten der Heckenrosen. Reichen Fruchtbehang bringt der Herbst bei Mehlbeere, Kornelkirsche, Heckenkirsche, Rainweide, Heckenrose und wolligem Schneeball. So ist auch für die Vögel im Winter der Tisch reich gedeckt. Leuchtend gelbe Herbstfärbung kann beim Feldahorn erwartet werden, und selbst im Winter zieren die roten Zweige des Bluthartriegels. Wer gerne eine »Wildnis« hat, kann auch zusätzlich in die Sträucher und Bäume Waldreben wuchern lassen, die teilweise ein mächtiges Netz ausbreiten und mit Blüten und lange haltenden Fruchtständen für Abwechslung sorgen. Für eine flächige Unterpflanzung als Krautschicht eignen sich Immergrün *(Vinca minor),* Steinsame *(Buglossoides purpurocaerulea),* Farbnessel *(Lamium maculatum),* Wald-erdbeere *(Fragaria vesca),* Buschwindröschen *(Anemone nemorosa)* und Frühlingsblatterbse *(Lathyrus vernus).* Auf die bewußte Ansiedlung einer Krautschicht kann auch verzichtet werden. Es stellen sich dann später von selbst geeignete Wildarten ein. Bei einer gezielten Bepflanzung (ca. 6–8 Stück/m²) ist schon früher ein lebendiger Pflanzenteppich vorhanden, der auch das heruntergefallene Laub verträgt, sich je nachdem, wie sich die Gehölze entwickeln, verändern kann und dadurch immer wieder neue überraschende Eindrücke vor allem im Frühling vor dem Austrieb der Gehölze bewirkt.

Die Tabelle 3 (S. 29) enthält eine Aufstellung des erforderlichen Pflanzenmaterials einschließlich einer Schätzung der dafür anfallenden, ungefähren Kosten. Die Kosten beruhen auf den üblichen Listenpreisen namhafter Baumschulen und sind auf das Jahr 1998 bezogen. Sie können natürlich in Abhängigkeit von der Marktlage und der Zeit schwanken.

Die angegebenen Pflanzengrößen entsprechen üblichen Handelsqualitäten und sollten nicht wesentlich unterschritten werden. Wer es mit der Entwicklung seiner Pflanzung etwas eiliger hat, kann auch größere Pflanzen kaufen, z. B. Stammbüsche mit Ballen. Bei Sträuchern sind dann Solitärs mit Ballen zu verwenden – allerdings muß man dann schon tiefer in die Tasche greifen.

Naturhecken

Feldhecke für kleinere Gärten

Der Pflanzenplan 2 (S. 32) beinhaltet einen Pflanzvorschlag, der ebenfalls ausschließlich aus heimischen Gehölzen besteht wie die Gemeinschaft auf Pflanzplan 1. Allerdings beträgt die Breite dieser Pflanzung hier nur ca. 2,5– 3 m. Sie dürfte deshalb auch für kleinere Gartengrundstücke realisierbar sein. Bei dieser Heckenbreite besteht auch sehr gut die Möglichkeit, Sichtschneisen in der Landschaft zu erhalten z. B. durch das Einkürzen der Triebe der Rainweide oder Heckenkirsche, die solche Eingriffe sehr gut tolerieren. Bei Liguster wäre auch die nur 1 m hoch wachsende Sorte *Ligustrum vulgare* 'Lodense' als Ersatz für die reine Art möglich, allerdings wächst diese nur sehr langsam.

Falls im Einzelfall die natürliche Wuchshöhe der Hainbuche von ca. 20 m nicht erwünscht ist, kann diese Art problemlos durch Herausnehmen des Mitteltriebes in ihrem Wuchs beschränkt werden. Alternativ dazu ist auch die Verwendung von höher wachsenden Sträuchern z. B. Weißdorn, Kreuzdorn oder Salweide angebracht.

Die Leistung dieser Pflanzung bezüglich Sichtschutz ist geringer einzustufen als die des Pflanzplanes 1. Ihre Naturhaftigkeit und Artenvielfalt leidet jedoch keinesfalls darunter. Vor allem dann nicht, wenn gleichzeitig eine Krautschichtunterpflanzung mit Wildarten wie Immergrün, Frühlingsblatterbse, Walderdbeere oder Steinsame erfolgt. Eine Aufstellung über Pflanzenbedarf und ungefähre Kosten enthält die Tabelle 4 (S. 33).

Der Bluthartriegel verfärbt sich bereits im Sommer leuchtend rot; hier zusammen mit Feldahorn.

Der Dreilappahorn eignet sich besonders für freiwachsende, dichte Hecken.

Naturhecken

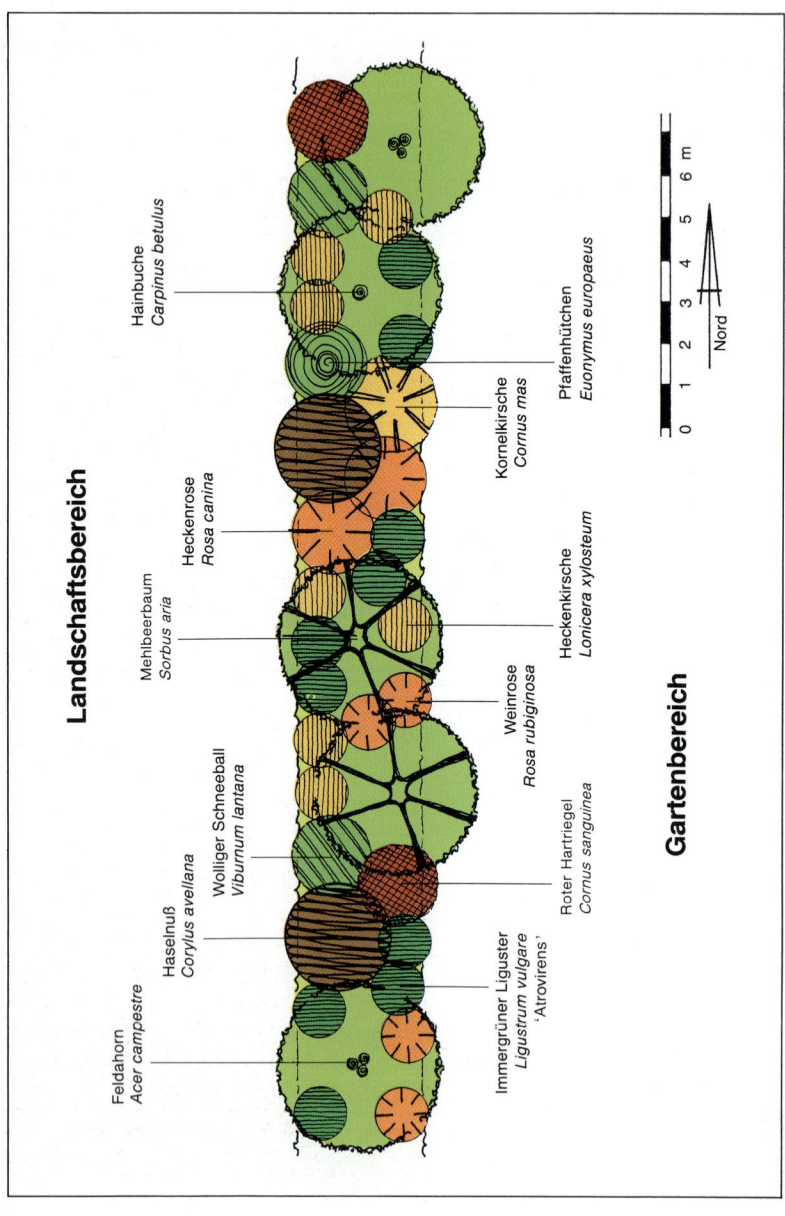

Landschaftsbereich

Gartenbereich

Hainbuche
Carpinus betulus

Pfaffenhütchen
Euonymus europaeus

Kornelkirsche
Cornus mas

Heckenrose
Rosa canina

Mehlbeerbaum
Sorbus aria

Heckenkirsche
Lonicera xylosteum

Weinrose
Rosa rubiginosa

Wolliger Schneeball
Viburnum lantana

Roter Hartriegel
Cornus sanguinea

Haselnuß
Corylus avellana

Immergrüner Liguster
Ligustrum vulgare
'Atrovirens'

Feldahorn
Acer campestre

Nord

0 1 2 3 4 5 6 m

Naturhecken

Tabelle 4   Pflanzenbedarf und Kosten – Feldhecke für kleinere Gärten

Stück	Art	Qualität	Einzel-preis ca.	Gesamt-preis ca.
2	Feldahorn *Acer campestre*	Solitär 3 × v. mit Ballen, 200–250 cm	82,–	164,–
2	Mehlbeerbaum *Sorbus aria*	Hei 2 × v., 200–250 cm	43,–	86,–
1	Hainbuche *Carpinus betulus*	Hei mB., 200–250 cm	110,–	110,–
2	Haselnuß *Corylus avellana*	v. Str. 4 Tr., 60–100 cm	10,–	20,–
2	Wolliger Schneeball *Viburnum lantana*	v. Str. 4 Tr., 60–100 cm	8,–	16,–
2	Heckenrose *Rosa canina*	v. Str. 3 Tr., 60–100 cm	5,50	11,–
1	Pfaffenhütchen *Euonymus europaeus*	v. Str. 3 Tr., 60–100 cm	11,–	11,–
7	Heckenkirsche *Lonicera xylosteum*	v. Str. 4 Tr., 60–100 cm	6,50	45,50
1	Kornelkirsche *Cornus mas*	v. Str. 3 Tr., 60–100 cm	15,–	15,–
4	Weinrose *Rosa rubiginosa*	v. Str. 3 Tr., 60–100 cm	5,50	22,–
10	Immergrüner Liguster *Ligustrum vulgare* 'Atrovirens'	v. He. ab 6 Tr., 60–100 cm	7,50	75,–
2	Roter Hartriegel *Cornus sanguinea*	v. Str. 4 Tr., 60–100 cm	7,–	14,–

Gesamtpreis ca. DM 589,50

Stand Frühjahr 1998, Abkürzungen siehe Seite 75

Feld- und Blütenhecke

Der Vorschlag auf dem Pflanzplan 3
(S. 38) kommt sowohl der Forderung nach Landschaftsorientierung
als auch der ästhetischen Vorstel-
lung einer locker wachsenden Blütenhecke entgegen. Die der Landschaft zugewandten Seite dieser ca.
5 m breiten Hecke besteht ausschließlich aus heimischen Sträuchern und Bäumen. Eberesche,
Hainbuche, Haselnuß, Hartriegel
und Holunder bestimmen hier in er-
ster Linie die Pflanzung. Die Gartenseite ist in der Baum- und Strauch-
schicht aus solchen Pflanzenarten
zusammengesetzt, die noch ausreichend Wildcharakter besitzen,
aber bezüglich Farbenvielfalt und
Blütenfülle eine größere Leistungsfähigkeit aufweisen. Trotzdem har-
monieren sie sehr gut mit den Wildarten; handelt es sich doch durch-
wegs um Pflanzen mit geringen An-
sprüchen an den Boden, die keinen
regelmäßigen Schnitt erfordern.
Weitere Angaben können Sie auch
in der Pflanzenliste gemäß Tabelle 9
(S. 60) nachlesen. Darunter befinden sich vor allem einmalblühende
Strauchrosen mit Wildcharakter wie
die leuchtendrote Auslese der Hek-
kenrose, die Sorte 'Kiese' oder die
bezaubernden rosa Schalenblüten
der Sorte 'Frühlingsduft'. Im zeitigen Frühjahr leuchten die ersten
Blüten des Goldglöckchens und
daran schließt sich der rotbraune
Austrieb und die weißen Blütenris-

Zu den Rosen mit früher Blüte und starkem
Duft zählt die Strauchrose 'Maigold'.

pen der Felsenbirne an. Ein weiterer
Höhepunkt im Jahresablauf ist sicher die Blüte des Zierapfels. Dieser kleine Baum mit seiner im Alter
oft malerischen Gestalt ist im Mai
übersät mit einfachen, weißen Blüten. Die orangegelben Früchte, die
sich in großer Anzahl entwickeln,
sind sonnenseitig mit roten Bäck-
chen versehen. Auch sie können
verzehrt werden. Vor allem nach
den ersten Frösten entwickeln sie
einen aromatischen Geschmack.
Die Krautschicht bei dieser Pflanzung ist zur Gartenseite hin sehr
differenziert gestaltbar. Die freien
Flächen bieten vor allem Stauden
des Gehölzrandes genügend Lebensraum. Im Pflanzvorschlag sind

aus diesem Grunde teilweise einige Partien ausgespart. Zur Struktur der Gesamtpflanzung passen hier vor allem Wildgeranien *(Geranium macrorrhizum, Geranium renardii, Geranium sanguineum)*, Steinsame *(Buglossoides purpurocaerulea)*, Walderdbeere *(Fragaria vesca)*, Gelbweiderich *(Lysimachia punctata)* und die Waldsteinie *(Waldsteinia ternata)*. Vor allem in der Anfangsphase, etwa die ersten 3–5 Jahre nach der Strauchpflanzung, sorgen diese Arten für guten Bodenschluß und große Vielfalt. Später können sie dann zunehmend von den Heckensträuchern und -bäumen verdrängt werden.

Die einfachen rosafarbenen Blütenrispen des Bogenflieders und die fast den ganzen Sommer anhaltenden, kaum gefüllten roten Blütensträuße der Strauchrose 'Dirigent' bringen in der meist blütenarmen Zeit des Sommers leuchtende Farbtupfer.

Der Herbst stellt sich auch hier mit vielen Früchten ein. Die Strauchrosen bringen durchweg dichten Besatz mit Hagebutten; die Beeren des schwarzen Holunders können auch in der Küche verwendet werden; aber auch an der Pflanze zieren sie und außerdem sind sie für viele Vögel ein bevorzugtes Futter. Das gilt auch für die Felsenbirne, deren rotschwarze Beeren schon im Spätsommer zur Genußreife gelangen. Die Früchte des Zierapfels sind ebenfalls eine Augenweide.

Pflanzung und Pflege

Auch bei dieser Pflanzung wird der Aufwand für die Pflege der Pflanzen selbst sehr gering sein. Ein gelegentlicher Rückschnitt, der sich auf das Entfernen einzelner, überalteter Triebe beschränken kann, ist nur bei der Forsythie (erst nach der Blüte) sowie bei den Strauchrosen notwendig. Auf Winterschutz und andere Maßnahmen kann praktisch vollständig verzichtet werden. Auch Maßnahmen des Pflanzenschutzes, z. B. das Spritzen gegen tierische Schädlinge oder Pilzkrankheiten dürften sich erübrigen, da die verwendeten Arten infolge ihrer natürlichen Abwehrkräfte nahezu resistent sind. Ein geringfügiger Befall der Pflanzen kann durchaus toleriert werden.

Lediglich im Bereich der Krautschicht ist im Verlauf der Entwicklung der Gehölze mit Veränderungen zu rechnen. Durch Beschattung werden einige Arten zurückgedrängt. Die freiwerdenden Flächen könnten dann mit schattenverträglichen Arten unterpflanzt werden. Mit zunehmender Reife der Pflanzung kann aber auch auf eine Krautschicht verzichtet werden. Wer eine gewisse Unordnung toleriert, kann auch auf eine anfängliche Unterpflanzung verzichten. Es stellen sich dann viele Wildarten ein. Allerdings muß man dazu einige Jahre mehr Geduld haben. Eine Aufstellung über Pflanzenbedarf und ungefähre Kosten enthält die Tabelle 5 (S. 39).

◁ **Blühende Eberesche**

Naturhecken

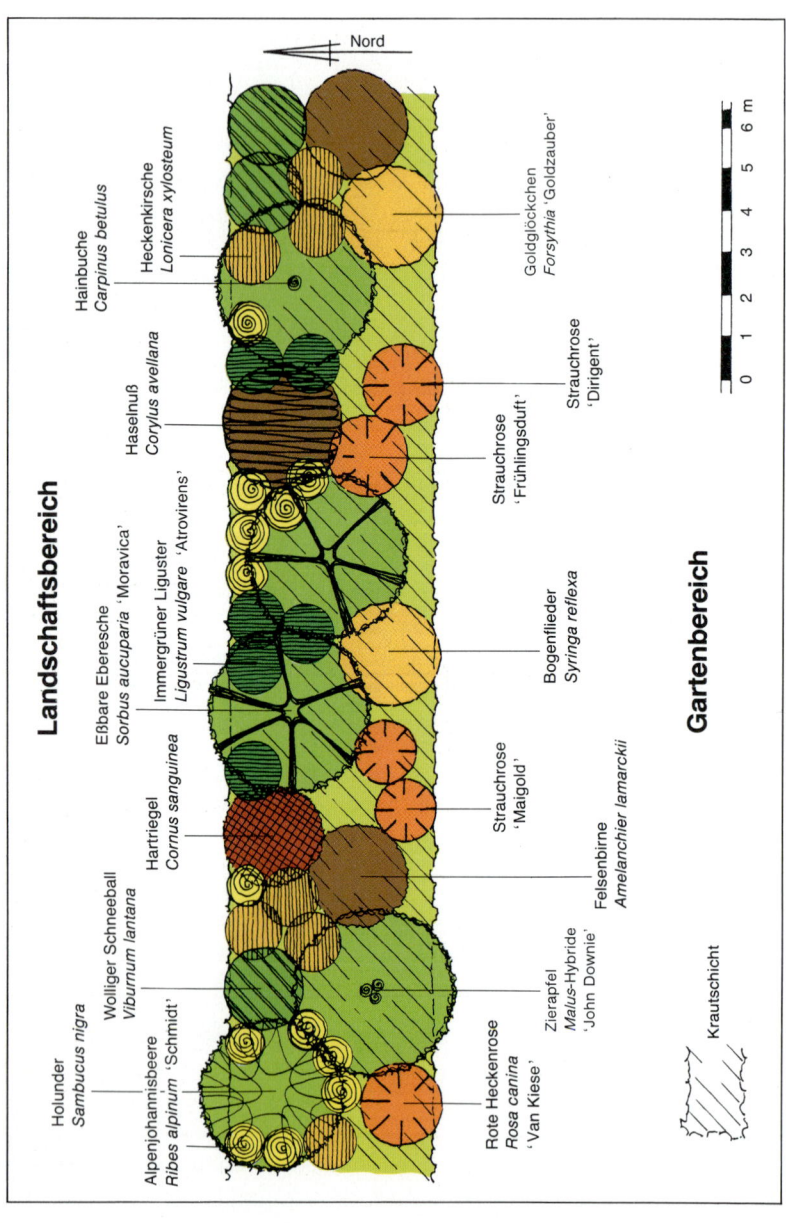

Nord

Landschaftsbereich

Gartenbereich

Holunder
Sambucus nigra

Alpenjohannisbeere
Ribes alpinum 'Schmidt'

Wolliger Schneeball
Viburnum lantana

Hartriegel
Cornus sanguinea

Eßbare Eberesche
Sorbus aucuparia 'Moravica'

Immergrüner Liguster
Ligustrum vulgare 'Atrovirens'

Haselnuß
Corylus avellana

Hainbuche
Carpinus betulus

Heckenkirsche
Lonicera xylosteum

Goldglöckchen
Forsythia 'Goldzauber'

Strauchrose
'Dirigent'

Strauchrose
'Frühlingsduft'

Bogenflieder
Syringa reflexa

Strauchrose
'Maigold'

Felsenbirne
Amelanchier lamarckii

Zierapfel
Malus-Hybride
'John Downie'

Rote Heckenrose
Rosa canina
'Van Kiese'

Krautschicht

0 1 2 3 4 5 6 m

Naturhecken

Tabelle 5 Pflanzenbedarf und Kosten – Feld- und Blütenhecke

Stück	Art	Qualität	Einzel-preis ca.	Gesamt-preis ca.
1	Holunder *Sambucus nigra*	v. Str. 3 Tr., 100–150 cm	12,50	12,50
3	Wolliger Schneeball *Viburnum lantana*	v. Str. 4 Tr., 60–100 cm	8,–	24,–
13	Alpenjohannisbeere *Ribes alpinum* 'Schmidt'	v. He. ab 6 Tr., 40–60 cm	7,–	91,–
1	Hartriegel *Cornus sanguinea*	v. Str. 4 Tr., 60–100 cm	7,–	7,–
6	Immergrüner Liguster *Ligustrum vulgare* 'Atrovirens'	v. He. ab 6 Tr., 60–100 cm	7,50	45,–
2	Eßbare Eberesche *Sorbus aucuparia* 'Moravica'	Hei 2 × v., 200–250 cm	43,–	86,–
1	Hainbuche *Carpinus betulus*	Hei. mB., 150–200 cm	58,–	58,–
1	Haselnuß *Corylus avellana*	v. Str. 4 Tr., 60–100 cm	10,–	10,–
1	Zierapfel *Malus*-Hybride 'John Downie'	Solitär 3 × v. mit Drahtballen, 200–250 cm	186,–	186,–
2	Felsenbirne *Amelanchier lamarckii*	Solitär 3 × v. mit Ballen, 3–4 Tr., 125–150 cm	58,–	116,–
1	Bogenflieder *Syringa reflexa*	v. Str. 3 Tr., 60–100 cm	20,–	20,–
1	Goldglöckchen *Forsythia* 'Goldzauber'	v. Str. 4 Tr., 100–150 cm	10,–	10,–
7	Heckenkirsche *Lonicera xylosteum*	v. Str. 4 Tr., 60–100 cm	6,50	45,50
4	Strauchrosen		8,–	32,–

Gesamtpreis ca. DM 743,–

Stand Frühjahr 1998, Abkürzungen siehe Seite 75

Freiwachsende Hecken im Siedlungsbereich

Wenn Gärten ohne direkten Bezug zur freien Landschaft innerhalb des Siedlungsbereiches mit Hecken als Sicht- und Windschutz bepflanzt werden sollen, dann erscheint eine zwingende Bindung zu heimischen Pflanzenarten nicht unbedingt notwendig.

Es gibt viele wertvolle Gartenpflanzen, die zwar nicht bodenständig sind, aber für unsere Zwecke eine hervorragende Eignung besitzen, weil sie aus ähnlichen Klimabereichen stammen.

Sie weisen oft als Ergebnis gärtnerischer Züchtungsarbeit auffällige Blüten, Blattfarben oder Wuchseigenschaften auf. Vor allem in kleineren Gärten können sie für bestimmte Funktionen leistungsfähiger als heimische Arten sein. Selbstverständlich muß auf diese nicht ganz verzichtet werden. Nachfolgend werden Beispiele für ungeschnittene Hecken im Siedlungsbereich vorgestellt.

Große, ungeschnittene Blütenhecke

Der Pflanzplan 4 (S. 46) enthält einen Pflanzvorschlag für eine stark strukturierte, locker wachsende Hecke aus Kleinbäumen und Sträuchern. Die Endhöhe der Pflanzung beträgt zwischen 2 und 5 m. Im wesentlichen ist das Prinzip der mehrschichtigen, naturnahen Feldhecke beibehalten ohne die Artenauswahl auf heimische Pflanzenarten zu beschränken. Zieräpfel, Zierkirsche und Felsenbirne sind die Charakterarten dieser Pflanzung. Daraus ergibt sich auch, daß diese Hecke einen absoluten Sichtschutz nicht gewährleistet, weil der Aufbau von Zweigen und Blattwerk dieser Pflanzenarten locker und auch im Sommer teilweise durchschaubar bleibt. Dafür ist diese Pflanzengemeinschaft außerordentlich »lebendig«. Schon im sehr zeitigen Frühjahr sprießt erstes frisches Grün bei der Blauen Heckenkirsche, und die Kornelkirsche ist mit duftigen, gelben Blüten geschmückt. Später folgt das beliebte Goldglöckchen. Zieräpfel, Zierkirschen und der weiße Blütenschleier der Felsenbirne sorgen im weiteren Jahresablauf für ein überwältigendes Frühlingsfest mit weithin leuchtenden weißen und rosa Farben. Auch die zartrosa bis weißen »Schneebälle« verströmen in dieser Zeit ihren Duft.

Im Sommer geht es in dieser Hecke stiller zu. Rosa Bogenflieder, gelbe Fünffingersträucher und gelbrote Zwergweigelien nehmen sich vergleichsweise bescheiden aus.

Der Spätsommer und Herbst kommt mit Früchten und Blattfarbe. Schon im August freuen sich die Vögel an der süßen, aromatischen, auch für Menschen genießbaren Felsenbirne. Die Früchte der Zieräp-

◁ Große Blütenhecke

Freiwachsende Hecken

Der weißblühende Zierapfel *Malus sieboldii* kann sich zu imposanten Großsträuchern entwickeln.

fel leuchten in gelb und orange und unter dem Laub der Kornelkirsche findet man glänzend rote, säuerlich schmeckende, beerenartige Steinfrüchte. Fast alle hier verwendeten Gehölze schmücken sich mit gelbem bis rotem Herbstlaub, wobei Felsenbirne, Kornelkirsche, Zieräpfel und Zierkirsche besonders herauszuheben sind.

Auch im Winter hat diese Hecke ihre Reize. die orangefarbigen Früchte und die silbrig glänzenden Blätter der Felsenmispel haften teil-weise bis in das Frühjahr hinein. Das gilt auch für die glasigen Beeren der Heckenkirsche sowie für das dunkel glänzende Laub des Zwergligusters.

Pflanzung und Pflege
Diese lockere Hecke verlangt zu ihrem Gedeihen einen gut kultivierten, nährstoffreichen Boden. Falls dieser bei der Pflanzung nicht vorhanden ist, sollte ausreichend mit Kompost, Torf oder Rindensubstrat verbessert werden. Falls später das Laub

Blütenhecke mit Wildflieder ▷

nicht regelmäßig entfernt wird, kann
auf eine weitere Düngung jedoch
verzichtet werden.
Regelmäßiger Rückschnitt ist nicht
erforderlich. Lediglich die überalter-
ten, mehrjährigen Triebe des Goldglöckchens, der Zwergspiersträucher, des Fünffingerstrauches und
der Zwergweigelie sind herauszu-
nehmen. Dies dürfte jedoch nur alle
2–3 Jahre erforderlich sein, wenn
die Blühwilligkeit abnimmt. Die
prägnanten Aststrukturen der be-
stimmenden Äpfel und Kirschen
sollten nicht durch Schnittmaßnahmen verstümmelt werden.
Auf Pflanzenschutzmaßnahmen
kann verzichtet werden, da Anfällig-
keiten gegen Krankheiten und
Schädlinge kaum gegeben sind.
Die Tabelle 6 (S. 47) enthält eine
Aufstellung über Pflanzenbedarf
und Kosten für die Anlage dieser
Hecke. Selbstverständlich kann
diese Pflanzung variiert werden. So
könnte durch die verstärkte Verwendung von Kornelkirsche und Liguster (dann aber die wintergrüne,
hohe Art *Ligustrum vulgare* 'Atrovirens') auf Kosten von Zieräpfel,
Zierkirsche oder Amelanchier die
Funktion des Sicht- und Windschutzes verbessert werden. Man muß
dann auf einen Teil der Blüten verzichten.

Oben: Auch im lichten Gehölzschatten blüht
der Duftschneeball.
Unten: Die Früchte der Felsenmispel haften
teilweise bis in den Winter hinein an der
Pflanze.

Freiwachsende Hecken

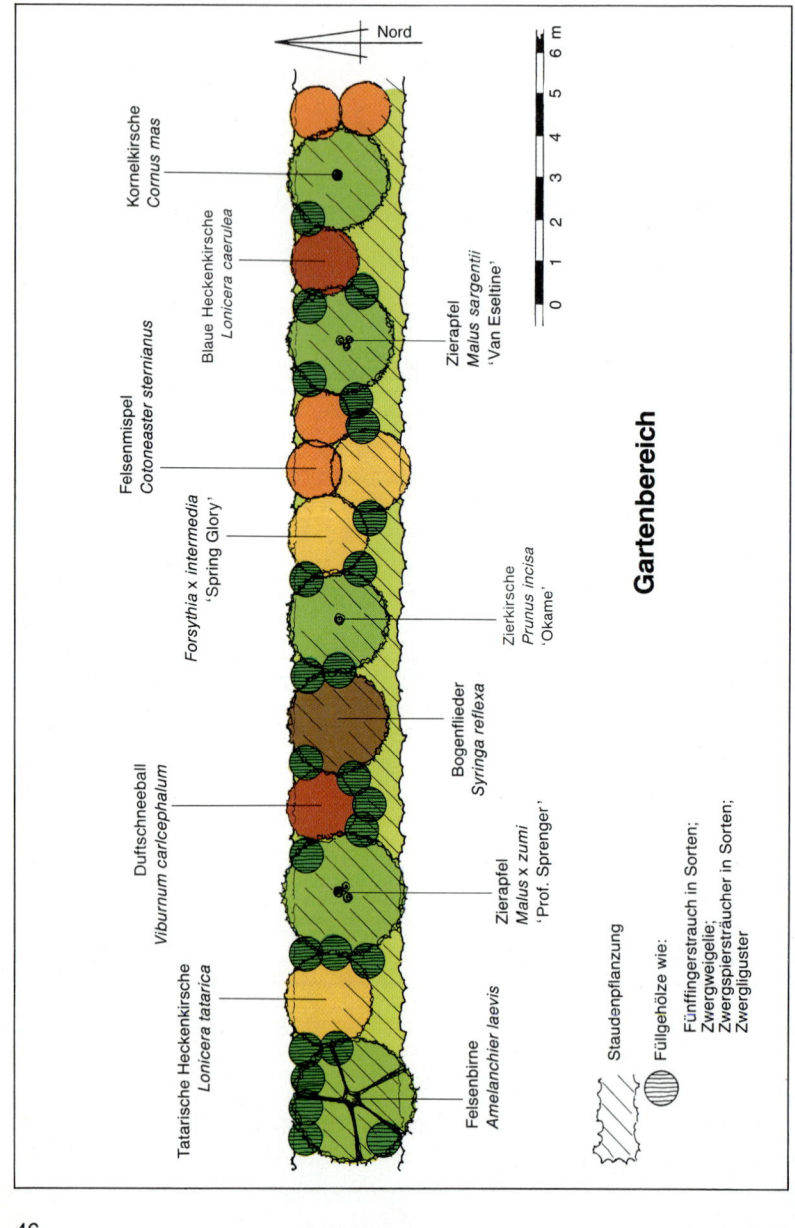

Nord

0 1 2 3 4 5 6 m

Kornelkirsche
Cornus mas

Blaue Heckenkirsche
Lonicera caerulea

Zierapfel
Malus sargentii
'Van Eseltine'

Felsenmispel
Cotoneaster sternianus

Forsythia x intermedia
'Spring Glory'

Zierkirsche
Prunus incisa
'Okame'

Duftschneeball
Viburnum carlcephalum

Bogenflieder
Syringa reflexa

Zierapfel
Malus x zumi
'Prof. Sprenger'

Tatarische Heckenkirsche
Lonicera tatarica

Felsenbirne
Amelanchier laevis

Gartenbereich

Staudenpflanzung

Füllgehölze wie:

Fünffingerstrauch in Sorten;
Zwergweigelie;
Zwergspiersträucher in Sorten;
Zwergliguster

Freiwachsende Hecken

Tabelle 6 Pflanzenbedarf und Kosten – Große, ungeschnittene Blütenhecke

Stück	Art	Qualität	Einzel-preis ca.	Gesamt-preis ca.
1	Tatarische Hecken-kirsche *Lonicera tatarica*	v. Str. 3 Tr., 60–100 cm	7,–	7,–
1	Duftschneeball *Viburnum carlcephalum*	Str. mB., 60–80 cm	69,–	69,–
2	Goldglöckchen *Forsythia × intermedia* 'Spring Glory'	v. Str. 4 Tr., 100–150 cm	10,–	20,–
4	Felsenmispel *Cotoneaster sternianus*	Str. mB., 60–80 cm	13,50	54,–
1	Kornelkirsche *Cornus mas*	v. Str. 3 Tr., 60–100 cm	15,–	15,–
1	Blaue Heckenkirsche *Lonicera caerulea*	v. Str. 5 Tr., 60–100 cm	13,50	13,50
1	Felsenbirne *Amelanchier laevis*	Solitär 3 × v. mit Drahtballen, 125–150 cm	164,–	164,–
1	Zierapfel *Malus × zumi* 'Prof. Sprenger'	Solitär 3 × v. mit Drahtballen, 125–150 cm	81,50	81,50
1	Bogenflieder *Syringa reflexa*	v. Str. 3 Tr., 60–100 cm	20,–	20,–
1	Zierkirsche *Prunus incisa* 'Okame'	v. Str. 4 Tr., 100–150 cm	30,–	30,–
1	Zierapfel *Malus sieboldii* 'Van Eseltine'	v. Str. 4 Tr., 100–150 cm	33,50	33,50
25	Füllgehölze	v. Str. 4–6 Tr., 30–40 cm	6,–	150,–

Gesamtpreis ca. DM 657,50

Stand Frühjahr 1998, Abkürzungen siehe Seite 75

Die Felsenbirne eignet sich sowohl für Hecken als auch zur Einzelstellung.

Kleinere Blütenhecke

Mit einer Breite von ca. 2,5 m kommt die lockere Blütenhecke auf dem Pflanzplan 5 (S. 52) aus. Im Gegensatz zu dem etwas mächtigeren Vorschlag des Pflanzplanes 4 wurde auf Großsträucher und Kleinbäume ganz verzichtet. Der dadurch bedingte, relativ geringe Platzbedarf und die Wuchsform der verwendeten Pflanzenarten lassen sie in besonderem Maße als eine anspruchsvolle Sicht-, Windschutz- und Blütenhecke für kleinere Gartengrundstücke im Siedlungsbereich geeignet erscheinen.

Neben dem Blüteneffekt besticht hier die Vielfalt des Blattwerkes. Dabei sorgen die Arten von Felsenmispel und Feuerdorn infolge ihres lange haftenden Laubes auch im Winter für Abwechslung. Die Blütenwirkung konzentriert sich auch bei dieser Pflanzengemeinschaft auf das Frühjahr, wobei Duftschneeball, Goldglöckchen, Spierstrauch und Kolkwitzie am auffälligsten sind. Besonders lange blühen im Sommer und Spätsommer Fünffingerstrauch und Zwergweigelie. Auffällige Früchte besitzen vor allem die Sorten des Feuerdorns. Allerdings sind die orangegelben Beeren bei den Vögeln besonders beliebt und werden meist schon vor Wintereinbruch gefressen. Die schwarz glänzenden Nüßchen der Scheinkerrie dagegen bleiben oft bis in das Frühjahr hinein an den Pflanzen haften. Eine hübsche Herbstfärbung kann vor allem bei Kolkwitzie, Zwergweigelie und Sauerdorn erwartet werden.

Pflanzung und Pflege

An den Boden stellt diese lockere Hecke keine allzugroßen Ansprüche. Durchschnittliche Gartenböden benötigen kaum Verbesserung, lediglich magere Sand- und Steinböden sind möglichst mit organischen Materialien wie Gartenkompost, Torf oder Rindenkompost aufzubereiten.
Nahezu alle vorgeschlagenen Pflanzenarten sind robust und widerstandsfähig gegen Krankheiten und

Schädlinge. Lediglich der Feuerdorn wird in ungünstigen Lagen oder Klimabereichen vor allem von Blattkrankheiten z. B. Schorf befallen. Die Beeren sind dann fleckig, verlieren zunehmend an Farbe und faulen bald ab. Eine vorbeugende, regelmäßige Spritzung mit pilztötenden Mitteln kann hier zwar Abhilfe schaffen; erscheint im Garten aber aus Gründen der Umweltbelastungen nicht sinnvoll. Die Baumschulen haben in ihrem Angebot zwischenzeitlich auch einige Sorten vorrätig, die selbst auf schwierigen Standorten weitgehend krankheitsresistent sind.

Auch diese freiwachsende Hecke bedarf keines regelmäßigen Schnittes. Strenge Winter ohne Schnee verursachen bei Feuerdorn und der wintergrünen Felsenmispel gelegentlich Frostschäden; nach dem Entfernen der abgestorbenen Triebe im Frühjahr treiben sie jedoch im Regelfall wieder aus. Ein Auslichtungsschnitt alle 2–3 Jahre bei Spierstrauch und Fünffingerstrauch verbessert die Blühfähigkeit.

Die Tabelle 7 (S. 53) enthält den Pflanzenbedarf und die geschätzten Kosten für die Beschaffung des Pflanzenmaterials.

Oben: Struktur und Pflanzenauswahl dieser kleinen Hecke entsprechen dem Beispiel auf Pflanzplan 5 (Seite 52).

Unten: Auch ohne Schnittaufwand erreicht die Kolkwitzie geschlossene Heckenstrukturen.

Ranunkelstrauch und Flieder ▷

Freiwachsende Hecken

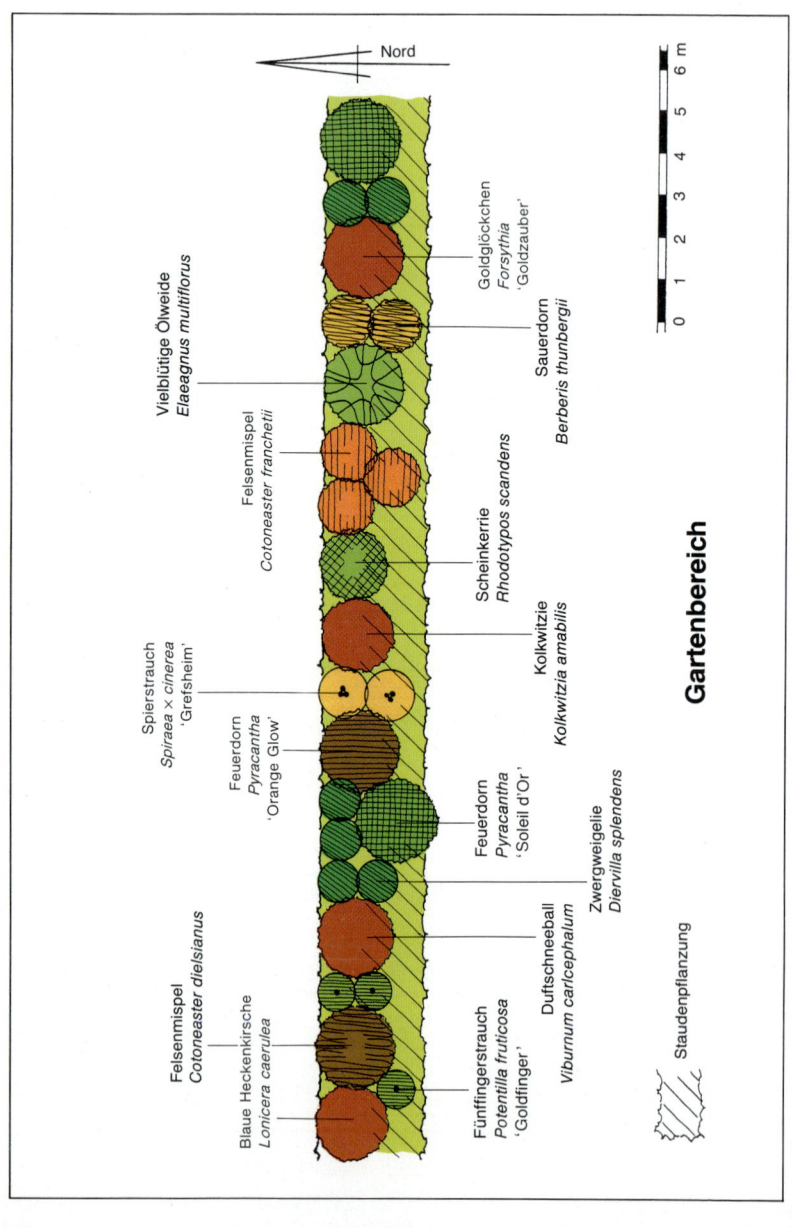

Nord

0 1 2 3 4 5 6 m

Vielblütige Ölweide
Elaeagnus multiflorus

Felsenmispel
Cotoneaster franchetii

Goldglöckchen
Forsythia
'Goldzauber'

Sauerdorn
Berberis thunbergii

Scheinkerrie
Rhodotypos scandens

Kolkwitzie
Kolkwitzia amabilis

Spierstrauch
Spiraea × cinerea
'Grefsheim'

Feuerdorn
Pyracantha
'Orange Glow'

Feuerdorn
Pyracantha
'Soleil d'Or'

Zwergweigelie
Diervilla splendens

Felsenmispel
Cotoneaster dielsianus

Blaue Heckenkirsche
Lonicera caerulea

Fünffingerstrauch
Potentilla fruticosa
'Goldfinger'

Duftschneeball
Viburnum carlcephalum

Gartenbereich

Staudenpflanzung

Freiwachsende Hecken

Tabelle 7 Pflanzenbedarf und Kosten – Kleinere, ungeschnittene Blütenhecke

Stück	Art	Qualität	Einzel-preis ca.	Gesamt-preis ca.
1	Felsenmispel *Cotoneaster diels.*	v. Str. 4 Tr., 60–100 cm	7,–	7,–
1	Blaue Heckenkirsche *Lonicera caerulea*	v. Str. 5 Tr., 60–100 cm	13,50	13,50
2	Spierstrauch *Spiraea* 'Grefsheim'	v. Str. 4 Tr., 60–100 cm	12,–	24,–
1	Feuerdorn *Pyracantha* 'Orange Glow'	C 2 ltr., 60–80 cm	9,50	9,50
2	Feuerdorn *Pyracantha* 'Soleil d'Or'	C 2 ltr., 60–80 cm	9,50	19,–
1	Vielblütige Ölweide *Elaeagnus multiflora*	v. Str. 3 Tr., 60–100 cm	11,–	11,–
3	Felsenmispel *Cotoneaster franchetii*	Str. mB., 60–80 cm	13,50	40,50
3	Fünffingerstrauch *Potentilla fruticosa* 'Goldfinger'	v. Str. 4 Tr., 30–40 cm	7,50	22,50
1	Duftschneeball *Viburnum* × *carlcephalum*	Str. mB., 60–80 cm	69,–	69,–
6	Zwergweigelie *Diervilla* × *splendens*	Str. mTb., 30–40 cm	10,–	60,–
1	Kolkwitzie *Kolkwitzia amabilis*	Solitär 3 × v. mit Ballen, 80–100 cm	70,–	70,–
1	Scheinkerrie *Rhodotypos scandens*	v. Str. 4 Tr., 40–60 cm	9,–	9,–
2	Sauerdorn *Berberis thunbergii*	v. Str. 3 Tr., 40–60 cm	7,50	15,–
1	Goldglöckchen *Forsythia* 'Goldzauber'	v. Str. 4 Tr., 100–150 cm	10,–	10,–

Gesamtpreis ca. DM 380,–

Stand Frühjahr 1998, Abkürzungen siehe Seite 75

Freiwachsende Hecken

Blütenhecke mit Stauden

Der Pflanzplan 6 (S. 55) enthält neben teilweise bereits beschriebenen Gehölzarten einen Vorschlag, wie eine höhenmäßig stark strukturierte Hecke aus kleineren Bäumen, Großsträuchern und Sträuchern in Anlehnung an die natürliche Krautschicht mit Stauden als grüner Teppich unterpflanzt werden kann. Überwiegend handelt es sich dabei um Wildarten oder Sorten mit Wildcharakter, die auch am natürlichen Standort den Lebensbereich »Gehölz oder Gehölzrand« bevorzugen. Sie können abwechselnd im Schatten oder in der vollen Sonne stehen, gedeihen auch vor und unter den

Gehölzen und vertragen Fallaub. Besonders wüchsige Flächendecker mit starker Verdrängungskraft gegen Unkräuter sind die rot und weiß blühenden Sorten des Blut-Storchschnabels, wobei diese Arten von Mai bis August unermüdlich blühen.

Besonders wertvoll sind die in die Krautschicht eingestreuten Sommer- und Herbstblüher unter den Stauden, weil sie nach der Hauptblüte der Gehölze im Frühling diese lockere Hecke in besonderem Maße durch üppigen Flor bereichern. Dazu zählen die Blütentrauben des Diptam, die Sterne der Bergaster, die lilarosa Rispen des Majoran und die blauen Tupfer der Knäuelglockenblume.

Diese Staudenpflanzung geht ganz selbstverständlich in eine bestehende Feldhecke über.

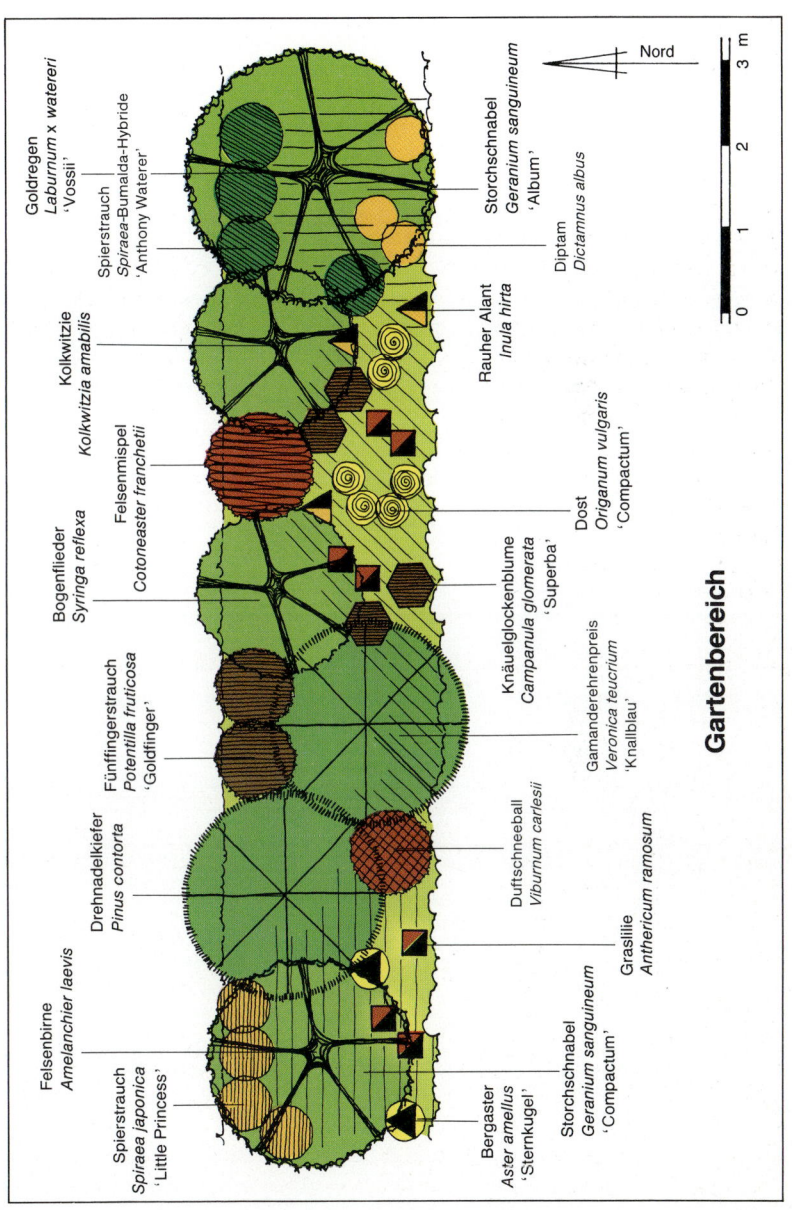

Goldregen
Laburnum x watereri
'Vossii'

Spierstrauch *Spiraea*-Bumalda-Hybride
'Anthony Waterer'

Kolkwitzie
Kolkwitzia amabilis

Felsenmispel
Cotoneaster franchetii

Bogenflieder
Syringa reflexa

Fünffingerstrauch
Potentilla fruticosa
'Goldfinger'

Drehnadelkiefer
Pinus contorta

Felsenbirne
Amelanchier laevis

Spierstrauch
Spiraea japonica
'Little Princess'

Storchschnabel
Geranium sanguineum
'Compactum'

Bergaster
Aster amellus
'Sternkugel'

Grasslilie
Anthericum ramosum

Duftschneeball
Viburnum carlesii

Gamanderehrenpreis
Veronica teucrium
'Knallblau'

Knäuelglockenblume
Campanula glomerata
'Superba'

Dost
Origanum vulgaris
'Compactum'

Rauher Alant
Inula hirta

Diptam
Dictamnus albus

Storchschnabel
Geranium sanguineum
'Album'

Nord

3 m

2

1

0

Gartenbereich

55

Freiwachsende Hecken

Tabelle 8 Pflanzenbedarf und Kosten – Blütenhecke mit Stauden

Stück	Art	Qualität	Einzel-preis ca.	Gesamt-preis ca.
	Gehölze			
1	Felsenbirne *Amelanchier laevis*	Solitär 3 × v. mit Ballen, 5–7 Tr., 150–200 cm	118,–	118,–
4	Spierstrauch *Spiraea japonica* 'Little Princess'	v. Str. 4 Tr., 20–30 cm	9,–	36,–
2	Fünffingerstrauch *Potentilla fruticosa* 'Goldfinger'	v. Str. 4 Tr., 30–40 cm	7,50	15,–
1	Bogenflieder *Syringa reflexa*	v. Str. 3 Tr., 60–100 cm	20,–	20,–
1	Felsenmispel *Cotoneaster franchetii*	Str. mB., 60–80 cm	13,50	13,50
1	Kolkwitzie *Kolkwitzia amabilis*	Solitär 3 × v. mit Ballen, 80–100 cm	71,–	71,–
4	Spierstrauch *Spiraea*-Bumalda-Hybride 'Anthony Waterer'	v. Str. 4 Tr., 30–40 cm	9,–	36,–
1	Goldregen *Laburnum* × *watereri* 'Vossii'	v. Str. 5 Tr., 60–100 cm	42,–	42,–
1	Duftschneeball *Viburnum carlesii*	Str. mB., 40–60 cm	47,50	47,50
2	Drehnadelkiefer *Pinus contorta*	mB., 125–150 cm	156,–	312,–

Freiwachsende Hecken

	Stauden mit Topfballen		
2	Bergaster *Aster amellus* 'Sternkugel'	4,–	8,–
45	Storchschnabel *Geranium sanguineum* 'Compactum'	3,50	157,50
7	Graslilie *Anthericum ramosum*	5,–	35,–
30	Gamanderehrenpreis *Veronica teucrium* 'Knallblau'	3,50	105,–
4	Knäuelglockenblume *Campanula glomerata* 'Superba'	4,–	16,–
6	Dost, Majoran *Origanum vulgare* 'Compactum'	4,–	24,–
3	Rauher Alant *Inula hirta*	4,–	12,–
3	Diptam *Dictamnus albus*	8,–	24,–
25	Storchschnabel *Geranium sanguineum* 'Album'	3,50	87,50

Gesamtpreis ca. DM 1180,–

Stand Frühjahr 1998, Abkürzungen siehe Seite 75

Pflanzung und Pflege

Die Pflanzen dieser lockeren Hecke sind alle kalkliebend. Dies trifft in besonderem Maße für die Kraut-schicht zu. Besondere Schnittmaß-nahmen sind nicht erforderlich. Le-diglich die abgestorbenen Teile der höheren Stauden sollten im Früh-jahr entfernt werden. Gelegentlich ist die Herausnahme älterer Triebe bei den Spiersträuchern und dem Fünffingerstrauch notwendig.

Die Tabelle 8 (S. 56) enthält eine Aufstellung über Pflanzenmaterial und geschätzte Kosten für eine Hecke von 2,5 m Breite und 12 m Länge, getrennt nach Stauden für die Krautschicht und Gehölzen.

Es ist sinnvoll, beim Auslegen der Pflanzen nach Pflanzplan im Garten hier zuerst die größeren Gehölze an ihren Pflanzort zu stellen, z. B. Fel-senbirne, Goldregen und Drehna-delkiefer. Anschließend gesellt man dazu die restlichen Sträucher wie Spierstrauch, Kolkwitzie und Bo-genflieder. Das hat den Vorteil, daß man vor der Pflanzarbeit noch kleine Korrekturen anbringen kann. Nach der Pflanzung der Gehölze werden erst die Stauden ausgelegt und gepflanzt. Damit ist gewährlei-stet, daß die kleinen Stauden bei der Pflanzarbeit der Gehölze nicht in Mitleidenschaft gezogen werden.

Oben: Der winterharte Sommerflieder blüht bereits im Juni.

Unten: Rotblühender Zwergspierstrauch

Pflanzenauswahl für freiwachsende Hecken im Siedlungsbereich

Neben den heimischen Arten sind viele Gartengehölze für ungeschnittene Hecken geeignet. Es würde den Rahmen dieses Büchleins sprengen, wenn alle wichtigen Arten beschrieben werden sollten. Eine Zusammenstellung der wesentlichen Gehölze enthält die Tabelle 9 (S. 60). Hier sind Arten enthalten, die im Regelfall ohne besondere Pflegemaßnahmen gedeihen und ähnliche Pflanzenkombinationen ermöglichen, wie in den Pflanzplänen 4–6 beschrieben. Selbstverständlich sind auch Kombinationen mit heimischen Arten der Tabelle 2 (S. 14) möglich. Dabei sind Wuchshöhe, Boden- und Lichtanspruch und Wuchsform aufeinander abzustimmen.

Diese vielgestaltige Blütenhecke bietet prächtigen Sichtschutz zur Straße.

Freiwachsende Hecken

Tabelle 9 Ansprüche und Eigenschaften geeigneter Pflanzen für freiwachsende Hecken im Siedlungsbereich

Pflanzenart Deutscher Name	Botanischer Name	Wuchshöhe in m	Blütezeit	Blütenfarbe
Feuerahorn	*Acer ginnala*	4–6	V	gelblich-weiß
Strauchkastanie	*Aesculus parviflora*	2–4	VII–VIII	weiß
Italienische Erle	*Alnus cordata*	10–15	III–IV	gelblich
Felsenbirne	*Amelanchier laevis*	8–10	IV–V	weiß
Felsenbirne	*Amelanchier lamarckii*	6–8	IV–V	weiß
Sauerdorn	*Berberis gagnepainii* var. *lanceifolia*	1–2	V–VI	goldgelb
Sauerdorn	*Berberis julianae*	2–3	V–VI	gelb
Sauerdorn	*Berberis* × *ottawensis* 'Superba'	bis 2	V–VI	gelb
Sauerdorn	*Berberis thunbergii*	bis 1	V	gelb
Sauerdorn	*Berberis thunbergii* 'Atropurpurea'	bis 1	V	goldgelb
Sandbirke	*Betula verrucosa*	15–20	IV–V	grünlich-gelb
Schmetterlings-strauch	*Buddleja alternifolia*	2–4	VI–VII	purpurlila
Schmetterlings-strauch	*Buddleja davidii* in Sorten	3–5	VII–X	weiß bis lila

Freiwachsende Hecken

Stand: ○ = volle Sonne, ◑ = Halbschatten, ● = Schatten

Stand	Bevorzugte Bodenart	Bemerkungen
○–◑	mittel bis schwer	duftende Blüten, hochrote Früchte, schönes rotes Herbstlaub
○–●	mittel bis schwer	Ausläufer treibend, braucht viel Platz, prächtiges spätblühendes Gehölz
○–◑	mittel bis schwer	raschwüchsiger, formschöner Kleinbaum, schwarzgrünes Laub bis Ende Oktober haftend, auffallender Zapfenschmuck
○–◑	mittel bis schwer	prachtvoller Großstrauch mit orangeroter Herbstfärbung, Früchte eßbar, bevorzugt frische bis feuchte Standorte
○–◑	mittel bis schwer	kupferroter Blattaustrieb, orangefarbene Herbstfärbung, eßbare, süße Früchte, bevorzugt frische bis feuchte Standorte
◑–●	mittel bis schwer	immergrüner Strauch mit Dornen, bei hellem Standort rötliches Winterlaub
◑–●	mittel bis schwer	stark bewehrter, immergrüner Strauch, bei hellem Standort gelb bis rötliches Winterlaub
○–◑	mittel bis schwer	tief rotbraune Rinde, bläulich purpurrotes Laub, hellrote Früchte
○–◑	mittel bis schwer	leuchtend rote Früchte, gelb bis orangefarbene Herbstfärbung
○–◑	mittel bis schwer	Blätter purpurrot bis rotbraun, Herbstlaub karminrot, leuchtend rote Früchte
○	leicht bis schwer	viele der handelsüblichen Birkenarten werden für Hausgärten schnell zu groß und sollten durch Nachpflanzungen ersetzt werden
○	mittel bis schwer	schön überhängender, sommergrüner Strauch mit duftenden Blüten, besonders für Böschungen geeignet, kein Rückschnitt nötig
○	leicht bis schwer	starkwüchsig, Jahrestriebe bis 3 m Länge, regelmäßiger Rückschnitt im Frühjahr erforderlich

Freiwachsende Hecken

Buchsbaum	*Buxus sempervirens* in Sorten	5–8	IV–V	gelblich
Gewürzstrauch	*Calycanthus floridus*	1–3	VI–VII	dunkelrot-braun
Erbsenstrauch	*Caragana arborescens*	4–6	V	hellgelb
Katsurabaum, Judasblatt	*Cercidiphyllum magnificum*	10–15	IV–V	karminrot
Judasbaum	*Cercis siliquastrum*	4–6	IV–V	purpur-rosa
Schneeflocken-strauch	*Chionanthus virginicus*	3–5	VI–VII	weiß
Scheineller	*Clethra alnifolia*	2–3	VII–IX	weiß
Blasenstrauch	*Colutea arborescens*	2–3	VI–VIII	gelb
Hartriegel	*Cornus alba* in Sorten	1,5–3	V–VI	weiß
Hartriegel	*Cornus stolonifera* 'Flaviramea'	1–2	V–VI	weiß
Scheinhasel	*Corylopsis spicata*	bis 2	IV	hellgelb
Perückenstrauch	*Cotinus coggygria* in Sorten	2–4	VI–VII	gelblich
Zwergmispel	*Cotoneaster dielsianus*	bis 2	VI	weiß
Zwergmispel	*Cotoneaster divaricatus*	bis 2	VI	weiß
Zwergmispel	*Cotoneaster multiflorus*	3–4	VI	weiß

○–●	leicht bis schwer	bekannter, alter Sichtschutzstrauch, wertvoll für halbschattige Gartenbereiche, viele Formen im Handel!
○–◐	mittel bis schwer	Wurzel und Blätter nach Gewürznelken duftend, Blüten erdbeerartiger Geruch, für etwas geschützte Lagen
○–◐	leicht bis mittel	ausgezeichnete Windschutzpflanze für trockene kalkreiche Böden
○–◐	mittel bis schwer	schöner Kleinbaum mit gelber bis orangeroter Herbstfärbung, Blätter vor Laubfall nach Lebkuchen duftend, nicht für trockene Böden
○–◐	mittel bis schwer	interessant durch stammbürtige Blütenbüschel, in der Jugend frostgefährdet, liebt kalkhaltigen frischen Boden
○–◐	mittel bis schwer	breit ausladender Wuchs, sehr großes, bis 20 cm langes Laub, Blüten in überhängenden Rispen, duftend, liebt frische Böden
○–●	leicht bis mittel	Blüte in langen, schmalen Trauben, stark und angenehm duftend, liebt humose, feuchte Böden
○–◐	leicht bis schwer	anspruchsloser Strauch mit interessanten, aufgeblasenen Hülsenfrüchten
○–●	leicht bis schwer	anspruchslose Sträucher für frische bis feuchte Standorte, z. T. intensiv gefärbte Rinde und Blätter
○–●	leicht bis schwer	Zweige mit hellgrüngelber Rinde, für frische bis feuchte Standorte
○–◐	mittel bis schwer	zauberhafter, vorfrühjahrsblühender Strauch mit duftenden Blüten, humose Böden
○	leicht bis schwer	perückenähnliche Blüten- und Fruchtstände, auffallende Belaubung, für warme, sonnige Lagen
○–◐	leicht bis schwer	stark fruchtender Kleinstrauch, anspruchslos
○–◐	leicht bis schwer	glänzend rote Früchte, Herbstfärbung leuchtend rot, anspruchslos
○–◐	leicht bis schwer	Blüten in Doldenrispen, unangenehm riechend, reichfruchtend, anspruchslos

Freiwachsende Hecken

Zwergmispel	*Cotoneaster salicifolius* var. *floccosus*	3–4	VI	weiß
Zwergmispel	*Cotoneaster sternianus*	2–3	V–VI	weiß bis rosa
Weißdorn	*Crataegus × lavallei*	7–10	V–VI	weiß
Weißdorn	*Crataegus × prunifolia*	3–4	V–VI	weiß
Deutzie	*Deutzia × hybrida* in Sorten	1–1,5	VI	malven-rosa
Deutzie	*Deutzia × lemoinei* in Sorten	1–1,5	VI	weiß
Deutzie	*Deutzia × magnifica* in Sorten	2–3	VI	weiß
Deutzie	*Deutzia scabra* in Sorten	2,5–3	VI–VII	weiß
Ölweide	*Elaeagnus angustifolia*	5–7	VI	gelblich
Ölweide	*Elaeagnus multiflora*	2–3	V	gelb
Pfaffenhütchen	*Euonymus planipes*	3–5	V	gelblich-grün
Perlbusch	*Exochorda racemosa*	3–4	V–VI	weiß
Goldglöckchen	*Forsythia × intermedia* in Sorten	2–3	IV–V	gelb
Blumenesche	*Fraxinus ornus*	6–8	V	weiß
Schneeglöckchen-baum	*Halesia carolina*	4–6	IV–V	weiß
Scheinspiere	*Holodiscus discolor* var. *ariaefolius*	2–3	VII–VIII	gelblich-weiß

◐–●	mittel bis schwer	bogig überhängender Wuchs, in geschützten Lagen immergrün
○–◐	mittel bis schwer	in geschützten Lagen wintergrün, sehr schöne, leuchtend orangerote Beeren
○–◐	mittel bis schwer	Großstrauch bis kleiner Baum mit langhaften-den Blättern, große orangerote Früchte
○–◐	leicht bis schwer	dorniger Strauch mit großen Doldenblüten, Früchte scharlachrot, Vogelschutzgehölz
○	mittel bis schwer	auffallende Blütensträucher, anspruchslos an Böden, Auslichten alter Zweige nötig!
○	mittel bis schwer	dichtblütige Kleinsträucher, anspruchslos, Auslichten alter Zweige nötig!
○	mittel bis schwer	einfach bis gefüllt blühende Ziersträucher, Auslichten alter Zweige nötig!
○	mittel bis schwer	straff aufrecht wachsende Sträucher mit ab-blätternder Rinde, auffällige Blüte, Auslichten alter Zweige nötig!
○	leicht bis mittel	Großstrauch mit dornigen Zweigen, Blüte duftend, Früchte eßbar, für heiße, trockene Standorte
○–◐	leicht bis mittel	breitlagernder Strauch mit stark duftenden Blüten, eßbare Früchte
○–◐	mittel bis schwer	anspruchslos an Standort und Boden, sehr zahlreiche, hochrote Früchte, giftig!
○	leicht bis mittel	sparriger Strauch mit rotbraunen Zweigen, überreiche Blüte, früher Austrieb
○	leicht bis schwer	eines der schönsten Blütengehölze, Wuchs der verschiedenen Gartenformen beachten, Auslichten alter Zweige nötig!
○	leicht bis mittel	Kleinbaum mit großen, duftenden Blüten-rispen, auch als Hausbaum brauchbar, liebt trockene, warme Böden und Standorte
○–◐	mittel bis schwer	waagrecht geschichteter, hoher Strauch, für kühle, frische Böden, Blüte sehr zahlreich, Fruchtbehang bis zum Frühjahr haftend
○–◐	leicht bis schwer	bogig wachsender Strauch mit großen, über-hängenden Blütenrispen, anspruchslos

Freiwachsende Hecken

Kerrie	*Kerria japonica* 'Pleniflora'	bis 2	IV–V	gelb
Kolkwitzie	*Kolkwitzia amabilis*	2–3	V–VI	rosaweiß
Goldregen	*Laburnum × watereri* 'Vossii'	4–6	V–VI	gelb
Buschklee	*Lespedeza thunbergii*	bis 2	IX–X	lila
Liguster, Rainweide	*Ligustrum obtusifolium* var. *regelianum*	bis 2	VI–VII	weiß
Liguster, Rainweide	*Ligustrum ovalifolium*	2–4	VII	gelblich-weiß
Geißblatt, Heckenkirsche	*Lonicera maackii*	3–5	VI	gelb
Geißblatt, Heckenkirsche	*Lonicera tatarica* in Sorten	2–4	VI	weiß bis hellrot
Zieräpfel	*Malus* in Arten und Sorten	2–8	V–VI	weiß bis rot
Parrotie	*Parrotia persica*	6–8	III–IV	rot
Pfeifenstrauch, Falscher Jasmin	*Philadelphus coronarius*	2,5–3	V–VI	weiß
Pfeifenstrauch, Falscher Jasmin	*Philadelphus × lemoinei*	1–2	V–VI	weiß
Pfeifenstrauch, Falscher Jasmin	*Philadelphus × virginalis*	1–2,5	V–VI	weiß
Blasenspiere	*Physocarpus opulifolius*	2–3	VI–VII	weiß

○–◑	leicht bis schwer	nur rutenbildender Strauch mit auffallend grüner Rinde, Einzeltriebe kurzlebig, regelmäßiges Auslichten nötig!
○–◑	leicht bis schwer	langsam wachsender, prächtiger Blütenstrauch, anspruchslos
○	leicht bis schwer	raschwüchsiger Strauch, kalkliebend, duftende, bis 50 cm lange Blütentrauben, Giftpflanze!
○	leicht	bei uns meist nur halbstrauchig, jedoch reizender Spätherbstblüher mit überhängenden, langen Blütenrispen, Rückschnitt im Frühjahr
○–◑	leicht bis schwer	sommergrüner, breiter Strauch mit lilaroter Herbstfärbung, reiche Blüte, starker, schwarzer Fruchtbehang, giftig!
◑–●	leicht bis schwer	an günstigen Stellen wintergrüner Strauch, raschwüchsig, für schnelle Eingrünung, giftig!
○–◑	leicht bis schwer	breitausladender, sommergrüner Strauch, überreiche, wohlriechende Blüten, starker Fruchtbehang, giftig!
○–●	leicht bis schwer	dichter, aufrechter Strauch mit bläulichgrünem Laub, auffallende Blüte, roter Fruchtbehang, giftig!
○	mittel bis schwer	Sträucher bis Kleinbäume mit auffallendem Blüten- und Fruchtschmuck, Äpfel einiger Sorten verwertbar
○–◑	mittel bis schwer	breitausladender Strauch mit abblätternder Borke, wundervoller Herbstfärber
○–●	mittel bis schwer	stark duftender Blütenstrauch, sehr leicht Läusebefall!
○–◑	mittel bis schwer	mehr oder weniger duftende Blütensträucher, Auslichten alter Zweige nötig, leicht Läusebefall
○–◑	mittel bis schwer	stark duftend, steif aufrechter Wuchs, auslichten alter Zweige nötig, viele Gartenformen im Handel
○–●	leicht bis schwer	anspruchsloser, dichter Strauch, interessanter, rotbrauner Fruchtbehang

Freiwachsende Hecken

Fünffingerstrauch	*Potentilla fruticosa* in Sorten	bis 1,5	V–VIII	gelb bis weiß
Kirschpflaume	*Prunus cerasifera* in Sorten	4–8	III–IV	weißrosa
Zwergblutpflaume	*Prunus* × *cistena*	1,5–2	V	weiß
Zierkirschen	*Prunus* spec., z. B. *P. serrulata* *P. subhirtella*	2–6	IV–VI	weiß bis rosarot
Feuerdorn	*Pyracantha* Arten und Sorten	2–4	V–VI	weiß
Scheinkerrie	*Rhodotypos scandens*	1–2	V–VI	weiß
Goldjohannisbeere	*Ribes aureum*	1,5–2	IV–V	gelb
Blutjohannisbeere	*Ribes sanguineum* in Sorten	2–4	IV–V	rosarot
Wildrosen	*Rosa* in Arten und Formen	1–4	V–VIII	weiß, gelb, rot
Dufthimbeere	*Rubus odoratus*	1–2	VII–VIII	rosa
Kanadischer Holunder	*Sambucus canadensis* 'Maxima'	3–4	VI–VII	weiß
Fiederspiere	*Sorbaria aitchisonii*	2–3	VII–VIII	weiß
Fiederspiere	*Sorbaria sorbifolia*	bis 2	VI–VII	weiß
Eberesche	*Sorbus* in Arten und Formen	3–15	V–VI	weiß
Spiersträucher	*Spiraea* in Arten und Formen	1–2	V–VIII	weiß, rosa, rot

○	leicht bis mittel	anspruchslose Kleingehölze für warme, trockene Standorte und Böden, Füllgehölze für freiwachsende Hecken
○–◐	mittel bis schwer	bekannte »Blutpflaume« mit auffallend dunkelrotem bis schwarzrotem Laub, eßbare Früchte, großfruchtige Sorte: 'Hollywood'
○–◐	mittel bis schwer	dunkelbraunrotes Laub an hellroten Zweigen, Früchte klein, schwarzpurpur
○	mittel bis schwer	vielgestaltige, reichblühende Kleinbäume mit zum Teil ausgezeichneter Herbstfärbung, ausgezeichnete Treibgehölze für Barbarazweige
◐–●	mittel bis schwer	immergrüne, bewehrte Sträucher mit unterschiedlich ausgefärbtem, starkem Fruchtbehang, Fruchtfarbe gelb bis leuchtend rot
○–◐	leicht bis schwer	anspruchsloser Füllstrauch mit langhanftenden glänzend schwarzen Früchten
○–●	leicht bis schwer	duftende Blütentrauben, purpurbraune bis schwarze, eßbare Früchte, Veredlungsunterlage für Johannis- und Stachelbeerhochstämmchen
○–◐	leicht bis schwer	stark blühendes Ziergehölz, Auslichten alter Zweige nötig
○–◐	leicht bis schwer	große Artenvielfalt, durch Blüte, Frucht und Bestachelung zierend, Vogelschutzgehölze
◐–●	leicht bis mittel	Ausläufer treibender Strauch mit duftenden Blüten, selten Fruchtbehang
○–●	leicht bis mittel	Ausläufer treibender, starkwüchsiger Strauch, Blütendolden bis 40 cm breit, purpurschwarze Früchte
○–◐	mittel bis schwer	nicht ausläufertreibende Form, Blüten in langen Rispen, tiefgründige, frische Böden
○–●	mittel bis schwer	stark ausläufertreibend, sehr früher Austrieb (Februar bis März), nur zur Unterpflanzung von Großgehölzen zu empfehlen
○	leicht bis schwer	große Artenvielfalt, unterschiedlichste Formen in Frucht und Belaubung, Früchte eßbar
○–◐	leicht bis schwer	sehr viele Arten und Sorten im Handel, auf Wuchsformen achten!

Freiwachsende Hecken

Pimpernuß	*Staphylea colchica*	3–4	V–VI	weiß
Kranzspiere	*Stephanandra incisa*	1–2	VI	grünlich-weiß
Stranvaesie	*Stranvaesia davidiana*	2–3	VI	weiß
Schneebeere	*Symphoricarpos albus* var. *laevigatus*	bis 2	VI–IX	rötlich-weiß
Schneebeere	*Symphoricarpos* × *chenaultii*	1,5–2	VI–VII	rosa
Korallenbeere	*Symphoricarpos orbiculatus*	1–2	VII–VIII	weiß–rosa
Wildflieder	*Syringa* in Arten und Formen	1–5	V–VII	weiß, rosa, rot, lila
Tamariske	*Tamarix parviflora*	3–4	V	rosa
Tamariske	*Tamarix pentandra*	3–5	VIII–IX	rosarot
Schneeball	*Viburnum* in Arten und Formen	1,5–4	XI–VI	weiß, rosa
Weigelie	*Weigela* Gartenformen	1–3	V–VII	weiß, rosa, rot

○–◑	mittel bis schwer	angenehm duftende Blüten, eigenartig aufgeblasene Fruchtkapseln
○–◑	leicht bis mittel	bogig überhängender Wuchs, lebhaft rotbraune Rinde
◑–●	leicht bis mittel	immergrüner Strauch, leuchtend rote Fruchtdolden im Herbst, lang haftend, bevorzugt neutrale bis schwach saure Böden
○–●	leicht bis schwer	überreicher, weißer Beerenschmuck, besonders zur Unterpflanzung geeignet
○–●	leicht bis schwer	kugelige, rote Früchte mit weißen Punkten, besonders zur Unterpflanzung geeignet
○–●	leicht bis schwer	kugelige, purpurrote Früchte bis in den Winter haftend, späte Bienenweide
○–◑	mittel bis schwer	große Artenvielfalt, ausgezeichnete Sichtschutzsträucher, auf Form und Wuchs achten!
○	leicht bis mittel	schuppenähnliche Belaubung, Wirkung durch Blüte und Rindenfarbe, beim Pflanzen starker Rückschnitt erforderlich
○	leicht bis mittel	schönste und wertvollste Art durch späte Blüte, beim Pflanzen starker Rückschnitt erforderlich
○–●	mittel bis schwer	sehr große Artenvielfalt, sommer-, winter- und immergrüne Formen mit z. T. stark duftenden Blüten, aufrechte Formen gut als Sichtschutz geeignet, z. T. prächtige Herbstfärbung
○–◑	mittel bis schwer	anspruchslose Blütengehölze, sehr langlebig, bis ins hohe Alter verpflanzbar, auslichten alter Zweige nötig!

Oben rechts: Hundsrose 'Kiese'

Oben links: Goldregen

Unten: Tamariske

Schnitthecken

Geschnittene Hecken als Einfassungen

Die geschnittene Hecke hat in der Natur kein Leitbild wie etwa die frei-wachsenden, mehrschichtig aufge-bauten Hecken. Es handelt sich hier um eine vom Menschen durch be-sondere Kulturmaßnahmen, wie z.B. den regelmäßigen Rückschnitt, künstlich herbeigeführte Wuchs-form der Pflanzen.

Die geschnittene Hecke hatte ur-sprünglich vor allem architektoni-sche Bedeutung, wenn man an die klassische Gartenkunst denkt. Bei der Ausgestaltung von Blickachsen und Gartenräumen störte die freie Wuchsform von Bäumen und Sträu-chern. Deshalb zwang man sie in geometrische Formen.

Heute und zukünftig hat die ge-schnittene Hecke dort, vor allem in Wohngärten, eine große Bedeu-tung, wo auf engstem Raum Wind-schutz und Sichtschutz gefordert sind. Bei den infolge der Bauland-preisentwicklung immer kleiner wer-denden Grundstücken kann die frei-wachsende Hecke solche Aufgaben nicht erfüllen.

Als Alternative zu Mauern oder an-deren technischen Lösungen bietet hier die geschnittene Hecke große Vorteile. Einmal ist ihre Höhe den je-weiligen Verhältnissen sehr gut an-zupassen oder sogar zu verändern, zum anderen ist keine Baugenehmi-gung erforderlich und die vorge-schriebenen Grenzabstände sind

Niedrige Hecken des roten Zwergspierstrau-ches und der Alpenjohannisbeere.

durch Begrenzung der Wuchshöhe ebenfalls leicht einzuhalten.

Gegenüber baulichen Strukturen hat sie zudem noch den Vorteil, daß es sich trotz geometrisch festgeleg-ter Form noch immer um lebendige Pflanzen mit einer gewissen Wand-lungsfähigkeit durch Blatt, Farbe, Blüte oder Frucht handelt, die die Erlebnisqualität eines Gartenrau-mes wesentlich beeinflußt. Zusätz-lich bieten auch geschnittene Hek-ken für viele Tiere Nahrung, Brut-platz und Unterschlupf. Ein Grund mehr, weshalb in den Gärten trotz höherer Pflegeaufwendungen die Schnitthecke sehr beliebt ist.

Dieser stimmungsvolle Gartenhof ist auf die Umfassung mit der Hecke angewiesen. Besonders bei der Gestaltung kleiner und sehr kleiner Grundstücke ist die Schnitthecke unentbehrlich.

Pflanzenauswahl

Aus der Fülle der Gehölze sind nur relativ wenige Arten für regelmäßig geschnittene Hecken geeignet. Für diesen Zweck müssen sie eine hohe Regenerationsfähigkeit besitzen, weil sie nach dem Schnitt möglichst rasch neue Knospen und Triebe bilden müssen. Der Wuchs darf aber auch nicht zu stark sein, um übermäßige Schnittarbeit zu vermeiden. Eine Auswahl der wichtigsten, geeigneten Arten und Sorten enthält die Tabelle 10 (S. 76).

Es ist notwendig, für die jeweils gewünschte Heckenhöhe Pflanzenarten mit entsprechender Wuchs-

stärke auszuwählen. In der Tabelle ist für jede Pflanzenart die jeweils günstige Heckenhöhe angegeben. Je höher die Hecke später werden soll, desto größer muß die Wuchsstärke der Pflanzenart sein.

Als grobe Regel könnte man sagen, daß für Heckenhöhen von ca. 2 m und darüber, baumartige Gehölze und Großsträucher z. B. Hainbuche und Feldahorn verwendet werden sollten. Weniger stark wachsende Sträucher sind für Heckengrößen von ca. 1–2 m geeignet z. B. Rainweide; bei Hecken unter 1 m Höhe sind vorwiegend Zwergsträucher z. B. Arten der Spiere, des Fünffin-

gerstrauchs und der Zwergrain-
weide angebracht.
Wenn die Wuchsstärke der ausge-
wählten Art zu gering ist, wird die
gewünschte Höhe und Dichte der
Hecke nicht erreicht; bei im Ver-
gleich zur Heckengröße zu hoher
Wuchskraft leidet die Alterungsfä-
higkeit der Hecke und gleichzeitig
ist der Aufwand für die Schnittmaßnahmen sehr hoch.

Pflanzenbedarf und Qualität
Im Gegensatz zu freiwachsenden
Pflanzungen muß bei geschnittenen
Hecken relativ dicht gepflanzt werden, weil die Pflanzen durch die
Schnittmaßnahmen wesentlich kleiner bleiben als bei natürlicher Entwicklung. Es kann davon ausgegan-
gen werden, daß bei baumartigen
Gehölzen 1–2, bei großen Sträuchern ca. 2–3 und bei kleinen Sträuchern ca. 5–10 Stück je m Heckenlänge erforderlich sind, wenn man
eine einreihige Pflanzung zugrunde
legt. Dies ist allerdings auch im Zusammenhang mit der Qualität und
Größe des Pflanzengutes zu sehen.
Je größer das Pflanzenmaterial, desto geringer die Anzahl der benötig-
ten Pflanzen. Neben den auf Seite 22 bereits dargestellten Pflanzen-
qualitäten wie Sträucher, Heister
und Stammbüschen sind für die Anpflanzung von geschnittenen Hek-
ken in den Baumschulen speziell
angezogene Heckenpflanzen erhält-
lich. Sie werden bereits während der
Anzucht mehrmals gestutzt; sie sind

»Fensteröffnungen« in hohen Hainbuchen-
hecken.

dann bereits zum Zeitpunkt der
Pflanzung ausreichend dicht und
bieten damit erhebliche Vorteile. Fol-
gende Abkürzungen für Gehölzquali-
täten sind im Handel gebräuchlich:

Abkürzungen für Tab. 3–8, 10, 12, 14:	
Str.	= Strauch
v. Str.	= verpflanzter Strauch
v. Hei.	= verpflanzter Heister
v. He.	= verpflanzte Heckenpflanze
mB.	= mit Ballen
mTb.	= mit Topfballen
2 × v.	= 2 mal verpflanzt
xx Tr.	= Anzahl der Triebe (xx)
C	= mit Container
2 ltr.	= 2 Liter (Containergröße)

Schnitthecken

Tabelle 10 Ansprüche, Eigenschaften, Pflanzenbedarf und Pflanzgrößen von Gehölzen für geschnittene Hecken

Pflanzenart Deutscher Name	Botanischer Name	Günstige Heckenhöhe in cm	Pflanzen- bedarf je m (einreihig)
Feldahorn	*Acer campestre*	200–400	2–3
Dreilappahorn	*Acer monspessulanum*	100–300	2–3
Sauerdorn	*Berberis aggregata*	50–100	4–5
Sauerdorn	*Berberis buxifolia* 'Nana'	bis 50	6–8
Sauerdorn	*Berberis julianae*	100–200	3–4
Sauerdorn	*Berberis thunbergii*	50–100	3–4
Sauerdorn	*Berberis thunbergii* 'Atropurpurea'	50–100	3–4
Sauerdorn	*Berberis thunbergii* 'Atropurpurea Nana'	bis 50	6–8
Sauerdorn	*Berberis wilsoniae* var. *subcaulialata*	50–100	3–4
Buchsbaum	*Buxus sempervirens* var. *arborescens*	100–200	3–4
Buchsbaum	*Buxus sempervirens* 'Handsworthensis'	50–100	4–5
Buchsbaum	*Buxus sempervirens* 'Suffruticosa'	bis 50	10–15
Hainbuche	*Carpinus betulus*	100–400	2–3
Hainbuche	*Carpinus betulus* 'Fastigiata'	100–300	2–3
Kornelkirsche	*Cornus mas*	100–200	3–4
Weißdorn	*Crataegus coccinea*	100–200	2–3

Schnitthecken

Stand: ○ = volle Sonne, ◑ = Halbschatten, ● = Schatten, Abkürzungen s. S. 75

Qualität, günstige Pflanzengröße in cm	Stand	Bemerkungen
v. He. 2 × v. 80–100	○–●	Herbstfärbung, kalkliebend
v. He. 2 × v. 80–100	○	Herbstfärbung, kalkliebend, sehr dichter Wuchs, für warme Standorte
v. Str. 3 Tr. 40–60	○–◑	gelbe Blüte, rote Früchte lang haftend, selten im Handel
mB. 25–30	◑–●	für immergrüne Einfassungshecken
mB. 50–60	◑–●	Immergrün, gut frosthart, in der Sonne schöne Winterfärbung, blaue Früchte
v. Str. 3 Tr. 60–100	○–◑	gelbe Blüte, leuchtend rote Früchte, gelb bis orangefarbene Herbstfärbung
v. Str. 3 Tr. 60–100	○–◑	auffallend dunkelrotes Laub, im Schatten vergrünend, hellrote Herbstfärbung
mTb. 25–30	○–◑	als rotlaubige Einfassung brauchbar
v. Str. 3 Tr. 40–60	○–◑	sehr dichttriebig, scharlachrote Herbstfärbung, leuchtend gelbrote Früchte
v. He. 3 × v. mB. 30–40	○–●	immergrün, anspruchslos, Schnitt erst nach Mitte Mai
Str. mB. 40–60	○–●	sehr gute Winterhärte, Schnitt erst nach Mitte Mai
v. Str. 10–15	○–●	anspruchslos, bekannte Einfassungspflanze
v. He. 2 × v. 100–125	○–●	anspruchslos, kalkliebend, Laub haftet teilweise bis zum Neuaustrieb
v. He. mB. 125–150	○–●	für schmale Hecken geeignet, gelbbraune Herbstfärbung
v. Str. 3 Tr. 40–60	○–◑	kalkliebend, gelbe Blüte im März–April, eßbare Früchte
v. Str. 3 Tr. 60–100	○–◑	sehr starke Bewehrung, resistent gegen Rost, scharlachrote Früchte

Schnitthecken

Weißdorn	*Crataegus persimilis* (syn. *C. × prunifolia*)	100–200	2–3
Zweigriffeliger Weißdorn	*Crataegus laevigata*	100–200	2–3
Eingriffeliger Weißdorn	*Crataegus monogyna*	100–300	2–3
Rotbuche	*Fagus sylvatica*	200–400	2–3
Stechpalme	*Ilex aquifolium*	100–200	2–3
Stechpalme	*Ilex aquifolium* 'Alaska'	100–200	2–3
Stechpalme	*Ilex aquifolium* 'Pyramidalis'	100–200	2–3
Liguster, Rainweide	*Ligustrum ovalifolium*	50–200	3–4
Liguster, Rainweide	*Ligustrum vulgare* 'Atrovirens'	50–200	3–4
Liguster, Rainweide	*Ligustrum vulgare* 'Atrovirens Compact'	50–100	4–5
Liguster, Rainweide	*Ligustrum vulgare* 'Lodense'	bis 50	4–5
Blaue Heckenkirsche	*Lonicera caerulea*	50–200	3–4
Rote Heckenkirsche	*Lonicera xylosteum* 'Clavey's Dwarf'	50–100	3–4
Fünffingerstrauch	*Potentilla fruticosa* in hohen Sorten	50–100	3–4
Lorbeerkirsche	*Prunus laurocerasus* 'Herbergii'	50–150	3–4
Feuerdorn	*Pyracantha* in Arten und Sorten	100–200	2–3
Alpenjohannisbeere	*Ribes alpinum* 'Schmidt'	50–100	3–4
Spierstrauch	*Spiraea × arguta*	50–100	3–4

Schnitthecken

v. Str. 3 Tr. 60–100	○–◑	starke Bewehrung, krankheitsresistent, scharlachrote Beeren, rote Herbstfärbung
v. Str. 3 Tr. 60–100	○–◑	häufig Befall von Rost
v. Str. 3 Tr. 60–100	○–◑	alle Weißdornarten sind ausgezeichnete Vogelschutzgehölze!
v. He. 2 × v. 100–125	◑–●	goldbraune Herbstfärbung, liebt tiefgründige Kalkböden
Str. mB. 60–80	◑–●	dichte, immergrüne Hecken, nur für frische Böden, giftige Beeren
Str. mB. 60–80	◑–●	besonders schmaler Wuchs, sehr reich-fruchtend
Str. mB. 60–80	◑–●	schmal, aufrechter Wuchs, besonders starker Fruchtansatz
v. He. ab 6 Tr. 60–100	◑–●	wintergrün, für geschützte Lagen, giftige Beeren
v. He. ab 6 Tr. 60–100	○–◑	wintergrün, unempfindlich, giftige Beeren
v. He. ab 6 Tr. 40–60	○–◑	wintergrün, unempfindlich, giftige Beeren
v. Str. 5 Tr. 30–40	○–◑	zum Teil wintergrün mit rötlichem Laub, kaum fruchtend
v. Str. 5 Tr. 60–100	◑–●	raschwüchsig, rotbraune Rinde, früh austreibend, giftige Beeren
v. Str 4 Tr. 40–60	◑–●	anspruchslos, salzverträglich, giftige Beeren
v. Str 4 Tr. 30–40	○	Sommerblüher, gelb bis weiße Blütenfarben, für trockene Standorte
Str. mB. 40–60	◑–●	immergrün, weiße Blütenkerzen, schwarze, giftige Beeren, frische Böden
Str. mTb. 40–60	◑–●	schorfresistente Sorten bevorzugt, Fruchtschmuck, immergrün, Vogelschutzgehölz
v. He. ab 6 Tr. 40–60	◑–●	kalkhaltige, nährstoffreiche Böden, früher Austrieb
v. Str. 4 Tr. 40–60	○–◑	trockenheitsresistent, unangenehmer Blütenduft

Schnitthecken

Spierstrauch	*Spiraea*-Bumalda-Hybriden in Sorten	50–100	3–4
Spierstrauch	*Spiraea* × *cinerea* 'Grefsheim'	50–100	3–4
Spierstrauch	*Spiraea japonica* 'Little Princess'	bis 50	4–5
Spierstrauch	*Spiraea* × *vanhouttei*	100–150	3–4
Winterlinde	*Tilia cordata*	200–400	2–3
Scheinzypresse	*Chamaecyparis lawsoniana* in Sorten	100–200	2–3–4
Bastardzypresse	*Chamaecyparis* × *Cupresso-cyparis leylandii* in Sorten	200–300	2–3
Europäische Lärche	*Larix decidua*	200–300	2–3
Japanische Lärche	*Larix kaempferi*	200–300	2–3
Fichte	*Picea abies*	200–300	2–3
Serbische Fichte	*Picea omorika*	100–300	2–3
Eibe	*Taxus baccata* und *Taxus media* in Sorten	100–200	2–3–4
Lebensbaum	*Thuja occidentalis* *Thuja plicata* in Sorten	100–300	2–3–4

Abkürzungen siehe Seite 75

v. Str. 5 Tr. 30–40	○–◑	verlangt kultivierten Boden, auffallender Blütenschmuck
v. Str. 4 Tr. 40–60	○–◑	anspruchslos, nicht verkahlend, sehr reiche, weiße Blüte
v. Str. 4 Tr. 20–30	○–◑	verlangt kultivierten Boden, sehr reiche, lilarosafarbige Blüte
v. Str. 4 Tr. 60–100	○–◑	im Schatten Blattlausbefall und lichter Wuchs, anspruchslos
v. He. 2 × v. 125–150	○–◑	alte Heckenpflanze, häufig Befall von Sternrußtau
mB. 40–60–80	○	bevorzugen frische Böden und hohe Luftfeuchte
mB. 80–100–125	○–◑	nur für hohe Hecken, nicht überall hart genug
mB. 80–100–125	○	leuchtend gelbe Herbstfärbung, häufig Wollausbefall
mB. 80–100–125	○	schöne, blaugrüne Benadlung, gelbbraune Herbstfärbung, liebt hohe Boden- und Luftfeuchte
mB. 60–80–100	○	für kalkarme, saure Böden, liebt hohe Boden- und Luftfeuchte
mB. 60–80–100	○	liebt tiefgründige, frische Böden, oft Magnesiummangel, krankheitsresistent
mB. 30–40–50–60	◑–●	liebt tiefgründige, frische Böden, Giftpflanze!
mB. 40–60–80–100	○	unterschiedliche Winterfärbung bei den Sorten, »Thujengeruch«

Schnitthecken

Bodenvorbereitung und Pflanzung
Der Bodenvorbereitung kommt bei
geschnittenen Hecken eine besondere Bedeutung zu. Der geringe
Pflanzabstand verursacht eine
starke Konkurrenz um Licht, Wasser und Nährstoffe. Hinzu kommt,
daß durch den Schnitt dauernd Ver-
luste an Nährstoffen auftreten.
Vor der Pflanzung hebt man einen
Pflanzgraben aus (vergl. Schema 3,
S. 82). Dazu wird ein Spatenstich
tief der Oberboden abgetragen und
seitlich gelagert. Die darunter lie-
gende Schicht wird umgegraben.
Der anfangs abgetragene Oberboden wird nun mit Bodenverbesse-
rungsmitteln versetzt. Bindige Böden sollte man zu je einem Drittel
mit gut abgelagertem Kompost mi-
schen. Sandige Böden werden mit
je einem Drittel Kompost und Torf
oder Rinde verbessert.
Die Pflanzen werden dann in den
Pflanzgraben gestellt und der vor-
bereitete Oberboden eingefüllt. Bei
Pflanzen mit Ballen ist das Ballentuch am Wurzelhals zu lösen, um
spätere Einschnürungen zu vermeiden. Der Boden ist im Wurzelbereich anzutreten und anschließend
gut zu wässern.

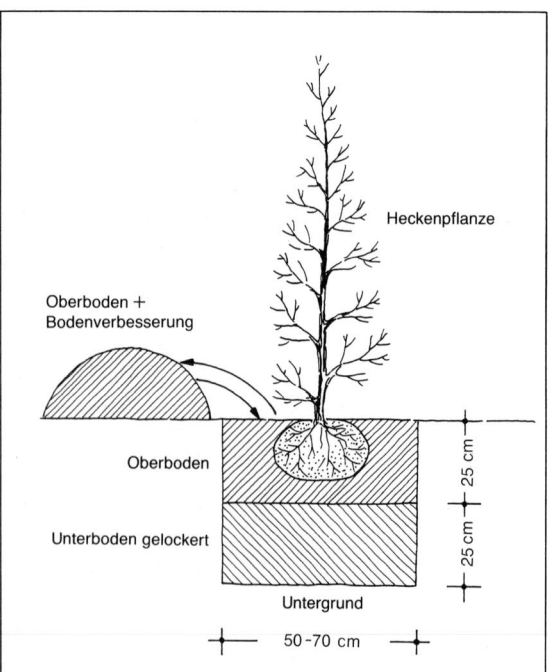

Oberboden +
Bodenverbesserung

Heckenpflanze

Oberboden

Unterboden gelockert

25 cm

25 cm

Untergrund

50–70 cm

Links: Schematische
Darstellung der Pflan-
zung geschnittener
Hecken in einen Pflanz-
graben, bei dem Unter-
bodenlockerung und
Oberbodenverbesse-
rung erforderlich sind.

Rechts: Nur bei Gehöl-
zen mit geringem Licht-
anspruch kann der Hek-
kenschnitt ohne Anlauf
erfolgen. Vor allem bei
höheren Hecken blei-
ben die unteren Partien
beim Schnitt mit beid-
seitigem Anlauf wesent-
lich dichter.

Schnitthecken

Heckenschnitt

Gehölze aus herkömmlicher Anzucht werden etwa 2 Jahre lediglich gestutzt, damit sich ein dichtes Zweigwerk bildet: Es reicht, wenn jeweils die Mittel- und Seitentriebe der Zweige vor dem Austreiben zur Hälfte eingekürzt werden. Falls die Heckenhöhe nach der Pflanzung noch nicht erreicht ist, wird der Mitteltrieb zunächst nicht geschnitten, bis die gewünschte Höhe vorhanden ist.

Für den 1. Schnitt sollte man sich ein Gerüst aus Holzlatten, eine sogenannte Lehre herstellen. Ähnlich wie beim Bau von Mauern werden an dem Lattengerüst Schnüre oder Drähte gespannt, die bei der Durchführung der Schnittarbeit als Orientierung dienen. Um zu verhindern, daß die Hecken später im unteren Teil infolge Lichtmangels verkahlen, sollte die Hecke an der Basis über dem Boden breiter sein als an der Krone. Üblicherweise, wird die Hekkenwand ca. 5–10% aus der Senkrechten nach Innen geneigt (vergl. Schema 2, S. 83). Dadurch kommen die unteren Zweige der Hecke zu einem höheren Lichtgenuß und die Oberfläche erhält eine gleichmä-

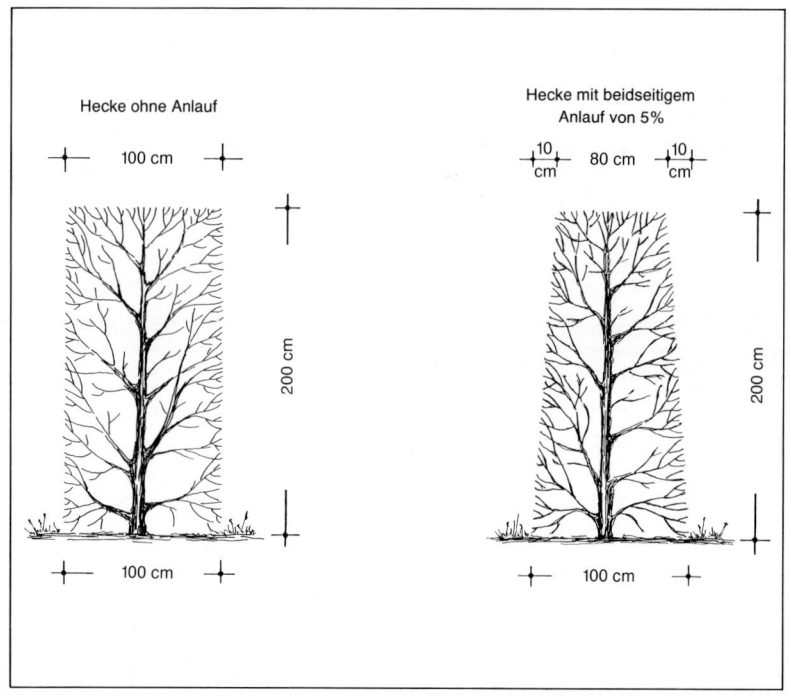

Hecke ohne Anlauf

100 cm

200 cm

100 cm

Hecke mit beidseitigem Anlauf von 5%

10 cm   80 cm   10 cm

200 cm

100 cm

Schnitthecken

Solche Holzlehren erleichtern vor allem die Durchführung des ersten Schnittes. Aber auch bei den nachfolgenden Pflegegängen sind sie wertvolle Hilfen.

Gute Schnittqualität und Arbeitserleichterung sind durch den Einsatz elektrischer Heckenscheren erreichbar. Auch hier wird eine Holzlehre verwendet.

ßige, dichte Struktur ohne Lücken oder Fehlstellen durch abgestorbene Äste. Bei einigen Arten z. B. Hainbuche und Feldahorn ist auch ein Schnittprofil mit senkrechten Wänden möglich, weil der Lichtanspruch vergleichsweise gering und die Regenerationsfähigkeit der Pflanzen sehr groß ist.

Schnittzeitpunkt

Im Regelfall reicht es aus, wenn Hecken einmal im Jahr geschnitten werden. Der Schnitt nicht frostgefährdeter Arten kann sowohl im Herbst als auch im Frühjahr erfolgen. Empfindliche Arten wie Buchs *(Buxus sempervirens)*, Japanischer Liguster *(Ligustrum ovalifolium)* und Blaue Heckenkirsche *(Lonicera caerulea)* sollten erst im Frühjahr nach den letzten Spätfrösten geschnitten werden, um Schäden an den Jungtrieben zu vermeiden. Ein zweimaliger Schnitt erscheint nur bei besonders hohen Anforderungen gerecht-

fertigt oder dann, wenn die gewünschte Heckenhöhe bei der gewählten Pflanzenart zu gering ist. In diesem Fall wird der 2. Schnitt Mitte bis Ende Juni durchgeführt, um ein Ausreifen der neuen Triebe im Herbst zu gewährleisten.

Der jährlich neu durchzuführende Heckenschnitt wird auf der Höhe des 1. Schnittes durchgeführt. Bei der Arbeit mit der Heckenschere kann man sich deshalb an den deutlich erkennbaren Jahresschnittstellen des vorherigen Jahres orientieren und auf die erneute Anlage eines Lattengerüstes mit Drahtspannung verzichten.

Für ungeübte Heckenfreunde erleichtert allerdings auch in diesem Fall das Spannen eines Drahtes oder einer Schnur die Arbeit und verbessert die Gleichmäßigkeit der Schnittführung.

Verspielte Ornamente und exakte Formen ▷ ermöglicht der Einfassungsbuchsbaum.

Schnitthecken

Regeneration von Schnitthecken

Es kommt immer wieder vor, daß Hecken durch unsachgemäße oder unterlassene Pflege durchwachsen. Manchmal soll auch eine bereits vorhandene Hecke in der Höhe zurückgenommen werden. Dies bereitet erfahrungsgemäß keine Probleme, wenn man einige Regeln beachtet. So sollte man solche vernachlässigten Hecken nicht mehr als etwa ein Drittel in der Höhe und Breite zurücknehmen, damit die Pflanzen wieder von innen heraus neue Triebe bilden können. Dazu kann man einfach wie bei dem 1. Schnitt beschrieben, eine Lehre herstellen und alle darüber hinausragenden Triebe mit Rosenschere oder Säge abschneiden. Damit die Schnur überhaupt zu spannen ist, muß erst eine »Schneise« freigeschnitten werden. Die Schnittstellen dickerer Zweige ab ca. 3 cm Durchmesser sind zweckmäßigerweise mit Baumwachs zu verschließen, nachdem sie mit dem Messer nachgeglättet wurden.

Probleme bei Schnitthecken an der Grenze ergeben sich in Verbindung mit Zäunen. Falls der Zaun vollständig frei bleiben soll, muß nach Erreichen der Heckenbreite noch mindestens 50 cm Abstand für die Schnittarbeit vorhanden sein. In vielen Fällen kann die Hecke durch den Zaun wachsen und dann von außen geschnitten werden. Auf unserem Bild ist der untere Heckenteil nur mühsam durch den Zaun zu pflegen.

Schnitthecken

Eine stärkere Einkürzung als ein Drittel der vorhandenen Höhe und Breite vertragen nur sehr regenerationsfähige Arten wie Hainbuche, Feldahorn und Liguster. Besser ist es jedoch, in solchen Fällen einen gestaffelten Rückschnitt durchzuführen. Dazu werden im 1. Jahr der Zurücknahme lediglich die stärkeren Äste auf die zukünftige Oberfläche der Hecke zurückgeschnitten. Die verbleibenden Seitentriebe und die neu gebildeten Zweige werden im darauffolgenden Jahr mit einem herkömmlichen Heckenschnitt eingekürzt. Da erfahrungsgemäß dann ein sehr kräftiges Längenwachstum der Neutriebe einsetzt, empfiehlt es sich, im Verlauf der ersten Jahre nach der Regeneration neben dem Herbst- oder Frühjahrsschnitt einen Sommerschnitt im Juni durchzuführen, damit die Bildung von seitlichen Kurztrieben gefördert wird. Auch immergrüne Hecken können regeneriert werden. Bei der Fichte ist dies jedoch nicht möglich, weil sie nur aus benadelten Zweigen austreiben kann.

Beseitigung von Fehlstellen
Unsachgemäße Anwendung von Pflanzenschutzmitteln, Überdüngung oder mechanische Einwirkungen führen oft zu Fehlstellen, vor allem in geschnittenen Hecken. Diese Fehlstellen können durch den Ausfall ganzer Pflanzen oder durch das Absterben einzelner Äste hervorgerufen werden.

Wenn ganze Pflanzen ausgefallen sind, wird im Regelfall nur die Neupflanzung von Gehölzen zum Erfolg führen. Falls es wie z. B. bei Hainbuche, Feldahorn und Eibe baumschulmäßig herangezogene Heckenpflanzen gibt, kann man diese in der Größe der Hecke nachpflanzen. Bei anderen Arten sollten Stammbüsche, Heister mit Ballen oder Solitärpflanzen beschafft werden, die man sehr gut für die Fehlstelle formieren kann. Zu kleine Pflanzen führen kaum zum Erfolg, weil die Konkurrenz der Wurzeln und Triebe der Hecke selbst ein zügiges Höhenwachstum der Nachpflanzung stark hemmt. Eine kräftige Düngung im Bereich der Neupflanzung und sorgfältige Bodenpflege sind Grundlage für ein rasches Schließen der Lücke.

Falls der Ausfall der Pflanzen durch Überdüngung, Bodenherbizide oder andere pflanzenschädigende Stoffe hervorgerufen wurde, ist auf jeden Fall ein vollständiger Bodenaustausch vor der Pflanzung durchzuführen.

Kleinere Öffnungen in der Hecke lassen sich dadurch beseitigen, daß benachbarte Astpartien durch Anbinden in die Lücke gezogen werden, so daß die zukünftigen Triebe die Lücke ausfüllen können. Man kann auch vor Durchführung des Schnittes im Frühjahr einjährige Zweige in die Lücke einbinden. Dies führt allerdings nur bei sehr kleinen Fehlstellen zum Erfolg.

Schnitthecken

Werkzeuge für den Heckenschnitt
Richtiges Werkzeug ist die halbe Arbeit. Deshalb sollte man für den Heckenschnitt nur bestes Material verwenden. Hier einige Mark zu sparen, ist sicher falsch.

Für kleinere Gärten ist eine ganz normale zweischneidige Heckenschere mit langen Klingen ausreichend. Mit ihr können allerdings nur relativ dünne Zweige sauber und glatt geschnitten werden. Wichtig ist, daß die beiden Klingen stets eng zusammenstehen, damit beim Schneiden keine Quetschungen an den Schnittstellen der Zweige entstehen. Von Zeit zu Zeit sollte man die Klingen mit einem Abziehstein nachschärfen.

Eine Astschere ist notwendig bei der Regeneration von Schnitthecken sowie beim Verjüngen von frei-wachsenden Hecken. Hier müssen oft dickere Zweige entfernt werden.

Durch die kräftige, hebelartige Übersetzung der Schneidwerkzeuge ist der Schnitt ohne großen Kraftaufwand möglich.

Große Erleichterung besonders bei größeren Hecken bringen Heckenscheren mit elektrischem Antrieb. Die Arbeit mit ihnen ist allerdings nicht ganz ungefährlich. Es muß immer auf das Elektrokabel geachtet werden, damit es bei der Schnittarbeit nicht durchgetrennt wird. Wenn höhere Hecken zu schneiden sind, darf nicht von einer Leiter aus gearbeitet werden, da dies zu bösen Unfällen führen kann.

Für die Arbeit im Garten reichen meist Gerüste aus Holzböcken und Bohlen aus, die beim Schnitt umgestellt werden.

Für höhere Hecken sind Arbeitsbühnen sehr praktisch; allerdings sind sie für den Heckenschnitt im Garten sehr aufwendig.

Bewährte Geräte für den Heckenschnitt. Von links nach rechts: Rosenschere, Astsäge, manuelle Heckenschere, schwere Astschere, elektrische Heckenschere.

Der grüne Wall einer Liguster-Schnitthecke schützt den Gartenraum dieses Hauses und sorgt so trotz ungünstiger Straßenlage für weitgehend ungestörte Gartennutzung.

Bodenpflege und Düngung

Vor allem in den ersten Jahren nach der Pflanzung sollte der Boden im Wurzelbereich offen, d. h. unkrautfrei gehalten werden. Auch das Abdecken mit Mulchstoffen wie Torf oder Rindenkompost hat sich bewährt.

Zur Versorgung der Heckenpflanzung mit Nährstoffen ist das Einarbeiten von ca. 12 g N, 12 g P und 20 g K je m Hecke im Jahr ausreichend, wobei die Düngung in mehreren Gaben im Herbst und Frühjahr erfolgen muß. Die in den Tabellen mit »anspruchslos« bezeichneten Arten kommen auch mit einem Drittel der Düngermenge aus. Bei den mineralischen Handelsdüngern entspricht dies z. B. etwa 100 g Nitrophoska/m Hecke. Wenn ein organischer Volldünger, z. B. Hornoska verwendet wird, benötigt man etwa die doppelte Menge. Es ist zu beachten, daß der Boden zum Zeitpunkt der Düngung feucht ist, weil es sonst zu Verbrennungen kommen kann. Nach Erreichen der gewünschten Wuchshöhe kann die Düngung auf die Hälfte verringert werden oder ganz entfallen. Selbstverständlich ist dabei die Leistungsfähigkeit der verschiedenen Böden zu berücksichtigen.

Ungeschnittene Hecken

Blütenhecke des weißen Spierstrauches.

Ungeschnittene Hecken aus einer einzigen Pflanzenart

Der Schnitt als Pflegemaßnahme sorgt zwar einerseits dafür, daß die Heckenwände sehr dicht werden und auf engstem Raum eine intensive Schutzfunktion erfüllen. Ungünstig dabei ist, daß dieser Schnitt selbst einen gewissen, regelmäßig neu zu erbringenden Arbeitsaufwand erfordert. Hinzu kommt, daß die meisten Gehölzarten bei regelmäßigem Schnitt der einjährigen Triebe nur wenig oder keine Blüten und Früchte ansetzen. Es liegt deshalb nahe, Hecken zu pflanzen, die auch ohne Rückschnitt ausreichend dicht werden. Bei den freiwachsenden Hecken, die aus vielen verschiedenen Pflanzenarten bestehen, erreicht man dies durch den Schichtaufbau (Grafik S. 9). Hier werden durch die Vergemeinschaftung ausreichend dichte Wände erzielt; allerdings ist dies nur auf reichlich breiten Pflanzflächen möglich.

Ungeschnittene Hecken, die nur aus 1 Pflanzenart bestehen, sind nur möglich, wenn die verwendete Pflanzenart von Natur aus eine dichte Struktur aufweist. Zusätzlich ist es günstig, wenn es sich um Pflanzen handelt, die relativ langsam wachsen, damit sie nicht zu rasch von unten her verkahlen. Diese ungeschnittenen Hecken benötigen zwar mehr Platz als ge-

Der niedrige Spierstrauch (*Spiraea*-Bumalda-Hybride) 'Anthony Waterer' eignet sich besonders für blühende Einfassungen.

schnittene, dafür leisten sie bezüglich Blüten- und Fruchtbehang erheblich mehr. Außerdem wirken sie vor allem in Verbindung mit anderen Pflanzungen weniger streng und sind leichter in das Gesamtbild des Gartens zu integrieren.

Besonders wertvoll ist diese Form als ungeschnittene Einfassung. Wenn es darum geht, im Vorgartenbereich ungebetene Gäste wie Fußgänger oder Hunde abzuwehren, sind sie manchmal wirkungsvoller als ein Zaun oder eine niedrige Mauer, wenn beispielsweise Pflanzen mit Dornen oder Stacheln verwendet werden.

Ungeschnittene Hecken

Auch bei niedrigen Einfassungen von Stauden- und Rosenbeeten oder der Begrenzung von Wegen bieten sich diese Pflanzungen an, wobei natürlich nicht unbedingt stachelige Arten notwendig sind. Für Sichtschutzhecken mit höher werdenden Gehölzen sind solche ungeschnittenen Hecken nicht in dem Maße zu empfehlen, weil sie dann auch viel Platz benötigen, oft von unten verkahlen und oben nicht ausreichend dicht werden. In diesen Fällen sollte die Schnitthecke bevorzugt werden.

Pflanzung und Pflege
Die Bodenvorbereitung und Pflanzung ist identisch mit der von Schnitthecken (S. 82). In der Pflege unterscheidet sie sich jedoch grundlegend. So wird diese Hecke grundsätzlich nicht flächig geschnitten.
Nach der Pflanzung sollte man in den ersten Jahren bei den schwachwachsenden Arten auf jeden Schnitt verzichten, z. B. bei niedrigen Berberitzen. Stärker wachsende Arten wie Goldglöckchen und Kolkwitzie werden in die-

Blütenhecken aus Blutjohannisbeersträuchern müssen im Abstand von einigen Jahren verjüngt werden, damit sie nicht von unten her verkahlen.

ser Zeit einige Male durch Entfernen des Mitteltriebes und der längsten Seitentriebe im zeitigen Frühjahr gestutzt.

Weitere Schnittmaßnahmen werden erst erforderlich, wenn es zu Verkahlungen und zum Nachlassen der Blühfähigkeit kommt. In diesem Fall werden die alten Triebe möglichst kurz über dem Boden herausgenommen. Solche Verjüngungsschnitte sind nur im Abstand von mehreren Jahren notwendig. Der Habitus der Hecke ist dabei zu erhalten, und gleichzeitig kann die Höhe und Breite der Hecke entsprechend vermindert werden. Häufig ist der Fehler zu beobachten, daß bei diesen Schnitten die Sträucher nur auf die Hälfte eingekürzt werden. Dies verursacht dann oft starke, besenartige Neutriebe, die das natürliche Aussehen der Pflanzen negativ verändern.

Eine Zusammenstellung von Gehölzen für ungeschnittene Hecken enthält die Tabelle 11 (S. 94). Für den jeweiligen Standort können Artenauswahl, Pflanzenbedarf und gängige Pflanzgrößen entnommen werden.

Der Verjüngungsschnitt bei Forsythien sollte erst nach Beendigung der Blüte im Frühjahr erfolgen.

Ungeschnittene Hecken

Tabelle 11 Ansprüche und Eigenschaften von Gehölzen für ungeschnittene Hecken

Pflanzenart Deutscher Name	Botanischer Name	Wuchshöhe in m	Blütezeit	Blütenfarbe
Sauerdorn	*Berberis* in Arten und Sorten	0,5–1,5	V–VI	gelborange
Buchsbaum	*Buxus sempervirens* 'Suffruticosa'	bis 0,5	IV–V	gelblich
Bartblume	*Caryopteris × clandonensis*	bis 1	IX–X	blau
Zierquitte	*Chaenomeles japonica*	bis 1	III–IV	ziegelrot
Zierquitte	*Chaenomeles-*Hybriden	bis 1,5	III–V	weiß bis rot
Zwergmispel	*Cotoneaster franchetii*	1–2	V–VI	weiß bis rosa
Deutzie	*Deutzia gracilis*	0,5–0,7	V–VI	weiß
Deutzie	*Deutzia* niedrige Sorten	bis 1,5	V–VI	weiß bis zartrosa
Johanniskraut	*Hypericum* 'Hidcote'	bis 1,5	VI–X	goldgelb
Johanniskraut	*Hypericum patulum* var. *henryi*	bis 1	VII–IX	dunkelgelb
Stechpalme	*Ilex crenata*	1–2	V–VI	weiß
Liguster, Rainweide	*Ligustrum vulgare* 'Lodense'	bis 0,7	VI–VII	weiß
Heckenkirsche	*Lonicera nitida* 'Elegant'	bis 1	V	rahmweiß
Rote Heckenkirsche	*Lonicera xylosteum* 'Clavey's Dwarf'	1–1,5	V–VI	gelblichweiß

Stand: O = volle Sonne, ◑ = Halbschatten, ● = Schatten

Stand	Bevorzugte Bodenart	Bemerkungen
O–●	mittel bis schwer	sommer-, winter- und immergrüne Arten, alle mehr oder minder stark bewehrt
O–●	leicht bis mittel	anspruchslos, bekannte Einfassungspflanze, immergrün
O	leicht bis mittel	Rückschnitt im Frühjahr nötig, dadurch stärkere Blüte, gute Sorte: 'Heavenly Blue'
O–◑	mittel bis schwer	kurzdorniger Strauch, aromatisch duftende, gelbe Früchte, eßbar
O–◑	mittel bis schwer	sehr viele Sorten im Handel, ausgezeichnete Treibgehölze, gelblichgrüne Früchte, eßbar
O–◑	mittel bis schwer	in geschützten Lagen wintergrün, sehr schöne, leuchtend orangerote Beeren bis in den Winter
O–◑	mittel bis schwer	anspruchslos, jedoch nicht zu trockener Boden, gelegentlicher Rückschnitt erforderlich
O–◑	mittel bis schwer	wie *Deutzia gracilis*
O–◑	mittel bis schwer	wintergrüner Strauch mit langer Blütezeit, gelegentlicher Rückschnitt erforderlich
O–◑	mittel bis schwer	in geschützten Lagen wintergrün, gelegentlicher Rückschnitt erforderlich
◑–●	mittel bis schwer	immergrüne, dichte Sträucher mit unscheinbaren Blüten, Früchte schwarz, viele Formen im Handel
O–●	leicht bis schwer	kaum Blüte und Frucht, Winterlaub bronzebraun, z.T. nicht abfallend
◑–●	mittel bis schwer	immergrüner, waagerecht geschichteter Strauch, raschwüchsig, geringe Blüte und Frucht, giftig
◑–●	leicht bis schwer	anspruchslos, salzverträglich, giftige rote Beeren, sehr dichter Wuchs

Ungeschnittene Hecken

Mahonie	*Mahonia aquifolium*	bis 1	IV–V	gelb
Pfeifenstrauch, Falscher Jasmin	*Philadelphus,* niedrige Sorten	1–2	V–VI	weiß
Fünffingerstrauch	*Potentilla fruticosa* aufrechte Sorten	bis 1,5	V–IX	gelb bis weiß
Lorbeerkirsche	*Prunus laurocerasus* 'Otto Luyken'	bis 1	V–VI VIII–IX	weiß
Alpenjohannis-beere	*Ribes alpinum* 'Compactum'	bis 1,5	IV–V	gelblich
Alpenjohannis-beere	*Ribes alpinum* 'Schmidt'	bis 1,5	IV–V	gelblich
Apfelrose, Kartoffelrose	*Rosa rugosa*	1–1,5	VI–X	rosarot
Zwergpurpur-weide	*Salix purpurea* 'Gracilis'	bis 2	III–IV	gelblich
Spierstrauch	*Spiraea albiflora*	0,4–0,6	VII–VIII	weiß
Spierstrauch	*Spiraea* × *arguta*	1–2	IV–V	weiß
Spierstrauch	*Spiraea*-Bumalda-Hybride 'Anthony Waterer'	bis 0,8	VII–IX	karminrot
Spierstrauch	*Spiraea* × *cinerea* 'Grefsheim'	bis 1,5	V	weiß
Spierstrauch	*Spiraea japonica* 'Little Princess'	bis 0,8	VI–VIII	lilarosa
Spierstrauch	*Spiraea thunbergii*	bis 1	IV–V	weiß

○–●	leicht bis mittel	vielfach Typen mit Ausläuferbildung im Handel, immergrün, z. T. rötliches Winterlaub, Früchte verwertbar
○–◑	mittel bis schwer	zum größten Teil stark duftende Blüten, leicht Läusebefall, Auslichten alter Zweige nötig
○	leicht bis mittel	anspruchslose Kleingehölze für warme, trockene Standorte und Böden, gelegentliches Auslichten erforderlich
◑–●	mittel bis schwer	sehr reichblühende Art, dichter, kompakter Wuchs, immergrün, schwarze Beeren, giftig
◑–●	mittel bis schwer	sehr dichter Wuchs, kalkhaltige, nährstoffreiche Böden, früher Austrieb
◑–●	mittel bis schwer	anspruchslos, dichter, etwas übergeneigter Wuchs, z. Z. wohl bester Typ
○–◑	leicht bis mittel	stark stacheliger Strauch, große, flachkugelige Hagebutten, verwertbar, einigermaßen salzverträglich, einige Sorten im Handel
○–◑	leicht bis schwer	anspruchslose Weidenart mit dünnen, rötlichen Zweigen, sehr gute Bindeweide, gut salzresistent, gelegentlicher Rückschnitt erforderlich
○–◑	leicht bis mittel	anspruchsloser Kleinstrauch mit gelblichgrünem Laub, gelegentlicher Rückschnitt erforderlich
○–◑	leicht bis mittel	trockenheitsresistent, sehr frühblühend, Blüte mit unangenehmem Geruch
○–◑	leicht bis mittel	rötliche Herbstfärbung, Blätter im Sommer häufig weißbunt, gelegentlicher Rückschnitt erforderlich, weitere Sorten im Handel
○–◑	leicht bis schwer	anspruchslos, nicht verkahlend, sehr reiche Blüte, die unangenehm duftet
○–◑	leicht bis schwer	breit aufrechter Strauch, sehr reichblühend, gelegentlicher Rückschnitt erforderlich
○–◑	leicht bis schwer	sehr früh austreibend, hellgrüne Laubfarbe, die frühblühendste Spiraea, Auslichten alter Zweige nötig

Ungeschnittene Hecken

Kranzspiere	*Stephanandra incisa* 'Crispa'	0,5–0,8	VI	weiß
Schneebeere	*Symphoricarpos ×* *chenaultii*	1,5–2	VI–VII	rosa
Schneebeere	*Symphoricarpos ×* *doorenbosii* 'Mother of Pearl'	1,5–2	VI–VII	rosa
Korallenbeere	*Symphoricarpos orbiculatus*	1–2	VII–VIII	gelblichweiß
Schneeball	*Viburnum carlesii*	1–1,5	IV–V	weiß bis rosa
Gemeiner Schneeball	*Viburnum opulus* 'Compactum'	bis 1	V–VI	weiß

Wehrhaften Schutz bieten Hecken aus Berberitzen; hier *Berberis thunbergii* in Herbstfärbung.

○–◗	mittel bis schwer	bogig wachsender, breiter Strauch mit braunroter Herbstfärbung, liebt frische Böden und hohe Luftfeuchte
○–●	leicht bis schwer	kugelige, rote Früchte mit weißen Punkten, gelegentlicher Rückschnitt erforderlich
○–●	leicht bis schwer	sehr große runde Beeren, perlenähnlich, weiß mit rosa Wange, gelegentlicher Rückschnitt erforderlich
○–●	leicht bis schwer	reizvoller Fruchtstrauch, anspruchslos, gelegentlicher Rückschnitt erforderlich
○–◗	mittel bis schwer	kugeliger Strauch, Blüten stark duftend, einige Sorten im Handel
○–◗	mittel bis schwer	sehr reichblühend und fruchtend, rote Herbstfärbung; nicht blühend aber ähnlich im Wuchs *Viburnum opulus* 'Nanum'

Auch Stauden wie die Flammenblume eignen sich für blühende Einfassungen.

Fruchttragende Hecken

Die meisten Zierapfelsorten schmücken sich mit leuchtendem Herbstlaub.

Fruchthecken

Die Fruchternte im eigenen Garten ist ein Erlebnis. In unserer, so stark durch Technik bestimmten Wohn- und Arbeitswelt reizt der Umgang mit den natürlichen Vorgängen des Wachsens, der Blüte und der Fruchtbildung in besonderem Maße. Spezielle Obstgehölze wie Äpfel und Birnen sind für fruchttragende Hecken nur bedingt geeignet. Bei diesen kann eine Ernte oft nur nach intensiven Pflanzenschutzmaßnahmen erwartet werden, weil diese Pflanzen eine hohe Anfälligkeit gegen Krankheiten und Schädlinge aufweisen. Zusätzlich erfüllen viele Obstgehölze wesentliche Schutzfunktionen von Hecken nicht, weil sie infolge von Schnittmaßnahmen zu wenig dicht werden. Für weitergehende Informationen ist das Buch: »Obstbaumschnitt« der Reihe BLV Garten- und Blumenpraxis zu empfehlen.

Pflanzenauswahl

Für die Pflanzung von fruchttragenden Hecken sind deshalb vor allem solche Gehölze geeignet, die aufgrund ihres noch weitgehend erhaltenen Wildcharakters eine hohe Widerstandsfähigkeit gegen Krankheiten und Schädlinge aufweisen. Solche Gehölze bringen meist geringere Erntemengen; dafür besitzen die Früchte durchweg erheblich mehr Geschmack- und wertvolle Inhaltsstoffe und manche sind sogar

Besonders auffällige und wohlschmeckende Früchte liefert die Zierapfelsorte 'John Downie', die sich auch in Hecken zu kleinen Bäumen entwickeln kann.

heilkräftig. Der Pflanzplan 7 (S. 105) beinhaltet einen Pflanzvorschlag für eine solche fruchttragende Hecke. Vom Aufbau her entspricht sie einer freiwachsenden Hecke, die durch die verschiedenen Wuchsformen der Gehölze stark strukturiert ist, etwa wie das Beispiel des Pflanzplanes 4 (S. 46). Alle verwendeten Pflanzen tragen eßbare oder für den menschlichen Verzehr verarbeitungsfähige Früchte. Gleichzeitig ist zu erwarten, daß die Hecke durch den mehrschichtigen Aufbau die für Schutzfunktionen erforderliche Dichte erreicht. Auch auf zierendes,

vielgestaltiges Blattwerk im Sommer und Winter, auf die Herbstfärbung des Laubes und reichen Blü-
tenflor muß nicht verzichtet werden.
Die Früchte der Kornelkirsche können bereits im halbreifen Zustand
geerntet werden. Eingelegt in Salz-
wasser mit Lorbeer und Fenchel haben sie einen Geschmack, der an
Oliven erinnert. Reife Früchte können zu einem aromafrischen Süßmost mit hohem Vitamin-C-Gehalt
verarbeitet werden. Für den direk-

Oben: Die Früchte des Sanddorns sind vit-
aminreich. Nur weibliche Pflanzen bringen Er-
träge; deshalb stets mehrere Exemplare verwenden!

Unten: Die Eßbare Eberesche, *Sorbus aucuparia* 'Moravica', liefert besonders große und
schmackhafte Früchte.

ten Verzehr kommen nur die schwarzroten, vollreifen Steinfrüchte in Frage. Die Herstellung von fiebersenkenden Mitteln aus den Früchten ist ebenfalls möglich. Die leuchtend gelben Früchte der Scheinquitte sind unverarbeitet für den Verzehr nicht geeignet, auch wenn sie sehr verführerisch aussehen. Die sehr wohlriechenden Früchte ergeben ein herbes Gelee. Besonders gut eignen sich die Früchte zur Verbesserung des Aromas von Gelee der echten Quitte. Spät im Jahr sind die echten Quitten reif. Auch sie können unverarbeitet nicht verwendet werden. Neben verschiedenen medizinischen Anwendungsmöglichkeiten werden die Früchte meist zu Gelee und Saft verarbeitet. Die goldgelben Quittenfrüchte haften bis nach dem Laubfall gut am Strauch und sind zu dieser Jahreszeit dann besonders zierend.

Der Schwarze Holunder muß im Verlauf der Beerenreife sorgfältig beobachtet werden, weil die Früchte auch bei den gefiederten Mitessern im Garten beliebt sind. Der Holunder kann sehr vielseitig genutzt werden. Schon die Blüten finden im Schmalzkuchen gebacken ihren Liebhaber und die Verarbeitung zu Saft, Süßmost und Mus, auch in Kombination mit anderen Früchten ist bekannt.

Die Beeren der eßbaren Eberesche verfärben sich bereits im August–September. Manchmal ist der

Der Traubenholunder, *Sambucus racemosa*, ist in Fruchthecken auch als schattenverträgliche Unterpflanzung zu verwenden.

Fruchtbehang so stark, daß es sogar zu Astbrüchen kommen kann. Die aromatischen säure- und vitaminhaltigen Früchte werden meist zu Saft, Gelee, Süßmost oder auch Dessertweinen verarbeitet. Vielfältig ist auch die Verwendung als Heilpflanze.

Die Mahonie liefert an Heidelbeeren erinnernde Beeren, die zu Saft, Most, Gelee oder Wein verarbeitet werden können. Da die Blätter wintergrün sind und die Pflanze auch im Schatten gedeiht, ist sie für unseren Zweck besonders wertvoll. Die Beeren der Felsenmispel wer-

Neben verwertbaren Früchten bringt die
Scheinquitte im zeitigen Frühjahr reichlich
Blüten.

den gerne als Zusatz zu Marmela-
den verwendet. Dies gilt auch für
die des Feuerdorns.

Die Krautschicht wird bei unserem
Pflanzvorschlag entweder mit der
Walderdbeere oder der Monatserd-
beere besiedelt. Diese fruchten
auch noch im leichten Schatten. Mit
zunehmenden Alter werden sie natürlich etwas zurückgedrängt und
im tiefen Schatten setzen sie dann
kaum Früchte an. Doch stört dies
die Gesamtfunktion nicht.

Die Tabelle 12 (S. 106) enthält eine
Zusammenstellung des notwendi-
gen Pflanzgutes sowie eine Kosten-
schätzung für die ca. 25 m lange
und 3 m breite fruchttragende
Hecke des Pflanzvorschlages 7.
Weitere, geeignete Pflanzen für
fruchttragende Hecken, die natürlich auch aus Gehölzen einer Art
konzipiert werden können, enthält
die Tabelle 13 (S. 108).

Pflanzung und Pflege

Die Pflanzvorbereitung und Pflanzarbeit der Fruchthecke wird in glei-
cher Weise durchgeführt wie unter
Kapitel »Naturhecken« (S. 22–24)
beschrieben wurde. Zur Erhaltung
der Fruchtbarkeit sind allerdings
hier etwas intensivere Schnittmaßnahmen erforderlich. Diese bezie-
hen sich aber ausschließlich auf einen Auslichtungs- und Verjüngungsschnitt. Im Abstand von 2–3
Jahren werden dazu lediglich dort,
wo die Sträucher sehr dicht gewor-
den sind, einzelne ältere Triebe herausgenommen. Dadurch wird die
Ausreifung und damit der Geschmack der Früchte verbessert.
Geschnitten werden aber nur die
Stachel- und Johannisbeeren, der
schwarze Holunder und eventuell
die Mahonien.

Alle genannten Gehölze sind gut re-
generationsfähig, so daß dieser
Auslichtungsschnitt sehr problemlos durchführbar ist. Die übrigen
Pflanzenarten sollten weitgehend in
ihrer natürlichen Entwicklung belassen werden.

In Abhängigkeit von der Bodenqua-
lität sollte von Zeit zu Zeit mit ca.
50 g mineralischem oder 100 g or-
ganischem Volldünger nachgedüngt
werden, wenn der Fruchtansatz
nachläßt.

Die Wald- oder Monatserdbeeren
sollten in diesem Zusammenhang
nach einer vorausgegangenen Bodenlockerung neu aufgepflanzt
werden.

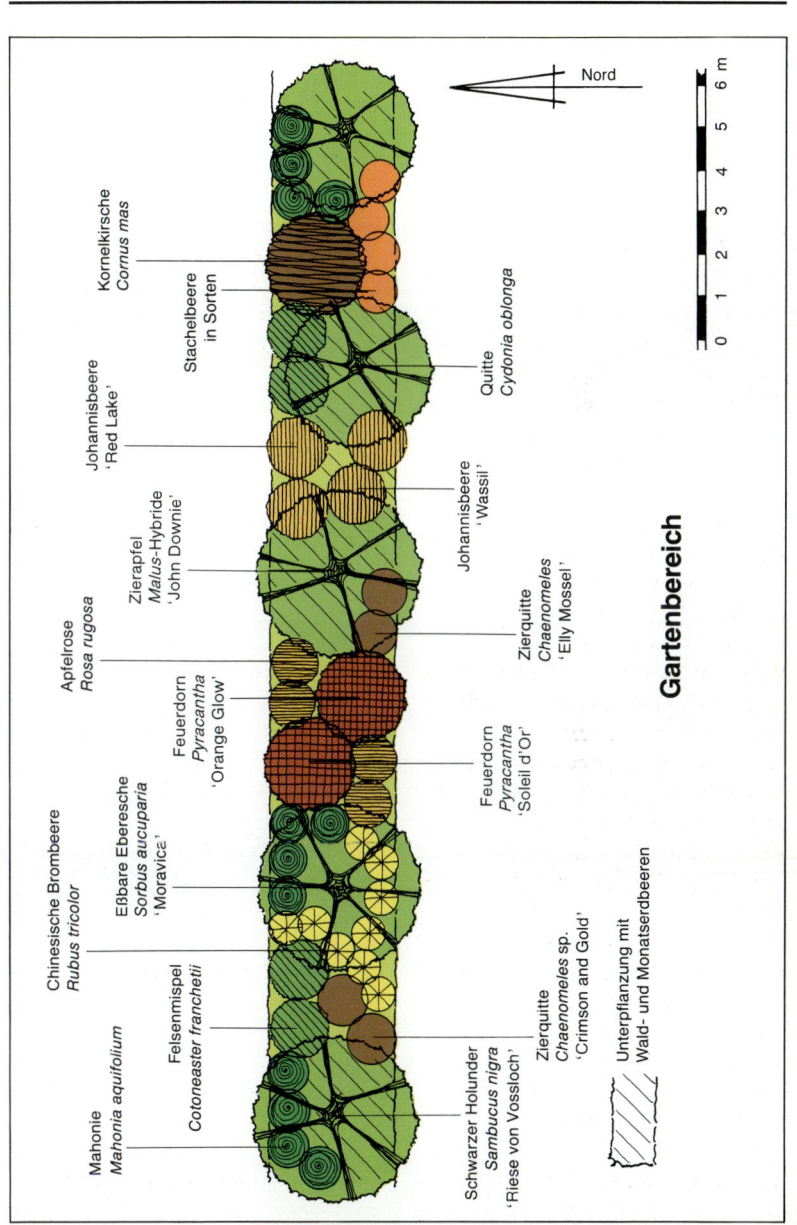

Kornelkirsche
Cornus mas

Stachelbeere
in Sorten

Quitte
Cydonia oblonga

Johannisbeere
'Red Lake'

Johannisbeere
'Wassil'

Zierapfel
Malus-Hybride
'John Downie'

Zierquitte
Chaenomeles
'Elly Mossel'

Apfelrose
Rosa rugosa

Feuerdorn
Pyracantha
'Orange Glow'

Feuerdorn
Pyracantha
'Soleil d'Or'

Chinesische Brombeere
Rubus tricolor

Eßbare Eberesche
Sorbus aucuparia
'Moravica'

Zierquitte
Chaenomeles sp.
'Crimson and Gold'

Felsenmispel
Cotoneaster franchetii

Mahonie
Mahonia aquifolium

Schwarzer Holunder
Sambucus nigra
'Riese von Vossloch'

Zierquitte
Chaenomeles sp.
'Crimson and Gold'

Unterpflanzung mit
Wald- und Monatserdbeeren

Gartenbereich

Nord

0 1 2 3 4 5 6 m

Fruchttragende Hecken

Tabelle 12 Pflanzenbedarf und Kosten – mehrschichtige Fruchthecke

Stück	Art	Qualität	Einzel- preis ca.	Gesamt- preis ca.
12	Mahonie *Mahonia aquifolium*	Sträucher mB., 30–40 cm	12,–	144,–
4	Felsenmispel *Cotoneaster franchetii*	Sträucher mB., 60–80 cm	13,50	54,–
1	Eßbare Eberesche *Sorbus aucuparia* 'Moravica'	Heister 2 × v., 250–300 cm	51,–	51,–
4	Apfelrose *Rosa rugosa*	v. Str. 3 Tr., 40–60 cm	5,50	22,–
1	Feuerdorn *Pyracantha* 'Orange Glow'	C 2 ltr., 60–80 cm	9,50	9,50
1	Feuerdorn *Pyracantha* 'Soleil d'Or'	C 2 ltr. 60–80 cm	9,50	9,50
1	Zierapfel *Malus*-Hybride 'John Downie'	v. Str. 4 Tr., 100–150 cm	33,50	33,50
2	Johannisbeere 'Red Lake'	Sträucher 5–7 Tr.	6,–	12,–
4	Stachelbeere *Ribes uva-crispa* (2 St. Rote Triumph- beere, 2 St. Hönings Frühe)	Sträucher 5–7 Tr.	8,–	32,–
1	Schwarzer Holunder *Sambucus nigra* 'Riese von Vossloch'	v. Str. 3 Tr., 100–150 cm	12,50	12,50
1	Kornelkirsche *Cornus mas*	v. Str. 3 Tr., 60–100 cm	15,–	15,–
2	Zierquitte *Chaenomeles* 'Crimson and Gold'	Sträucher mB., 40–60 cm	22,50	45,–

Fruchttragende Hecken

9	Chinesische Brombeere *Rubus tricolor*	C 3 ltr. 30–40 cm	8,–	72,–
2	Zierquitte *Chaenomeles* 'Elly Mossel'	Sträucher mB., 40–60 cm	22,50	45,–
2	Johannisbeere 'Wassil'	Sträucher 5–7 Tr.	6,–	12,–
2	Quitten *Cydonia oblonga* (1 St. 'Bereczki', 1 St. 'Riesenquitte von Lescovac')	Büsche	38,–	76,–

Gesamtpreis ca. DM 645,–

Stand Frühjahr 1998, Abkürzungen siehe Seite 75

Fruchttragende Hecken

Tabelle 13 Ansprüche und Eigenschaften von Gehölzen für fruchttragende Hecken

Pflanzenart Deutscher Name	Botanischer Name	Wuchshöhe in m	Blütezeit	Blütenfarbe
Felsenbirne	*Amelanchier*-Arten	3–8	IV–V	weiß
Apfelbeere	*Aronia*-Arten	2–4	V–VI	weiß
Eßkastanie, Marone	*Castanea sativa*	20–30	V–VI	grünlich-weiß
Zierquitte	*Chaenomeles* in Arten und Sorten	1–2	IV–V	weiß bis rot
Kornelkirsche	*Cornus mas*	3–5	III–IV	gelb
Haselnuß	*Corylus avellana* und deren Sorten	3–5	II–III	gelb
Baumhasel	*Corylus colurna*	15–20	III–IV	gelb
Felsenmispel	*Cotoneaster*-Arten	1–4	VI	weiß
Weißdorn	*Crataegus*-Arten	3–6	V–VI	weiß bis rosa
Quitte	*Cydonia oblonga*	4–6	V–VI	weiß bis zartrosa
Ölweide	*Elaeagnus multiflorus*	2–3	V	gelb
Sanddorn	*Hippophaë rhamnoides*	4–6	III–IV	gelblich-braun
Walnuß	*Juglans regia*	15–20	IV–V	grünlichgelb

Fruchttragende Hecken

Stand: ○ = volle Sonne, ◑ = Halbschatten, ● = Schatten

Stand	Bevorzugte Bodenart	Bemerkungen
○–◑	mittel bis schwer	auffallende Blütensträucher mit roten bis blauschwarzen, verwertbaren Früchten, gute Herbstfärber
○–◑	mittel bis schwer	zum Teil ausläufertreibende Sträucher für frische bis feuchte Böden, rote bis schwarze Beeren, leuchtend rote Herbstfärbung
○	mittel bis schwer	langsam wüchsiger Baum, Früchte nur in Weinbaugebieten ausreifend, kalkfliehend
○–◑	mittel bis schwer	sehr viele Sorten im Handel, gelblichgrüne, aromatisch duftende Früchte
○–◑	leicht bis mittel	langsamer, sehr dichter Wuchs, Früchte erst bei Vollreife genießbar
○–●	leicht bis schwer	Sorten von unterschiedlichem Fruchtgeschmack und Größe im Handel, Bienenweide
○–◑	leicht bis mittel	schöner, kegelförmiger Baum, anspruchslos, Früchte in ballförmigen Büscheln, sehr dickschalig
○–●	leicht bis schwer	bei der Pflanzung auf unterschiedliche Formen achten, Beerenmark als Zugabe zu Marmeladenmischungen verwendbar
○–◑	leicht bis schwer	mehr oder weniger stark bewehrte Sträucher mit roten Früchten, zur Herstellung von Kompott, Gelee und Marmelade
○–◑	leicht bis mittel	bekannte Formen sind Apfel- und Birnquitte als Obstgehölz, sehr schöner Zierstrauch
○–◑	leicht bis mittel	stark duftender Blütenstrauch mit herben, braunroten Scheinbeeren
○	leicht bis mittel	stark Ausläufer bildend, nur weibliche Pflanzen tragen die leuchtend orangefarbenen Beeren
○	leicht bis schwer	nicht für spätfrostgefährdete Lagen, lieben tiefgründigen, nährstoffreichen Boden, als Sämlinge und Veredlungen im Handel

Fruchttragende Hecken

Mahonie	*Mahonia aquifolium*	bis 1	IV–V	gelb
Zieräpfel	*Malus* in Arten und Sorten	2–8	V–VI	weiß bis rot
Mispel	*Mespilus germanica*	2–5	V–VI	weiß
Weißer Maulbeerbaum	*Morus alba*	10–15	V	gelblich
Schwarzer Maulbeerbaum	*Morus nigra*	7–10	V	gelblich
Vogelkirsche	*Prunus avium*	20–25	IV–V	weiß
Kirschpflaume	*Prunus cerasifera* in Sorten	4–8	III–IV	weiß bis rosa
Gewöhnliche Pflaume, Zwetsche	*Prunus domestica*	6–8	IV	weiß
Schlehe, Schwarzdorn	*Prunus spinosa*	2–4	IV–V	weiß
Filzkirsche, Koreakirsche	*Prunus tomentosa*	1,5–2	IV–V	weiß
Feuerdorn	*Pyracantha* in Arten und Sorten	2–4	V–VI	weiß
Gewöhnlicher Birnbaum	*Pyrus communis*	10–15	IV–V	weiß
Goldjohannisbeere	*Ribes aureum*	1,5–2	IV–V	gelb

○–●	leicht bis mittel	immergrüne, zum Teil Ausläufer treibende Sträucher, die blauen Beeren werden als Gelee und Kompott sowie zur Süßmostbereitung genutzt
○	mittel bis schwer	Sträucher und Kleinbäume mit auffallendem Blütenschmuck, Äpfel einiger Sorten verwertbar
○–◑	mittel bis schwer	breitwachsender Strauch mit ledrigem Laub, für warme, geschützte Lagen, braune Früchte erst nach Frosteinwirkung eßbar
○	leicht bis mittel	härtere Art, Fruchtfarbe weiß, rot bis schwarzrot, Laub wichtiges Seidenraupenfutter
○	leicht bis mittel	in Weinbaugebieten oft als Strauch oder Spalier gezogen, Früchte süß, tiefrot
○	leicht bis mittel	sehr raschwüchsiger Baum, starke Selbstaussaat, häufige Verwendung als Veredlungsunterlage, prachtvolle Herbstfärbung
○–◑	mittel bis schwer	Kleinbäume mit auffallend dunkelroten bis schwarzroten Blättern, purpurrote, eßbare Früchte, Fruchtfleisch nicht vom Stein lösend
○–◑	mittel bis schwer	seit alters in Kultur, viele Formen und Sorten im Handel (Obstsorten)
○	leicht bis schwer	bekanntes Vogelschutzgehölz mit Ausläufern, anspruchslos, Früchte erst nach Frosteinwirkung genießbar
○–◑	leicht bis mittel	dichtwüchsiger Kleinstrauch mit scharlachroten, kugeligen »Kirschen«, sauerkirschähnlicher Geschmack
◑–●	mittel bis schwer	immergrüne, bewehrte Sträucher, unterschiedliche Fruchtfarbe von gelb bis leuchtend rot, Früchte zu Marmeladenmischungen brauchbar
○	leicht bis schwer	breit kegelförmiger Baum mit dornigen Ästen, gelblichgrüne, herbsaure Birnchen
○–●	leicht bis schwer	duftende Blütentrauben, purpurbraune bis schwarze Beeren, Veredlungsunterlage

Fruchttragende Hecken

Schwarze Johannisbeere	*Ribes nigrum*	1,5–2	V	grünlich-weiß
Rote Johannisbeere	*Ribes rubrum*	1,5–2	V	grünlich bis rötlich
Stachelbeere	*Ribes uva-crispa*	bis 1	IV–V	grünlich
Wildrose	*Rosa* species	0,5–4	V–VII	weiß, rosa, rot
Brombeere	*Rubus fruticosus*	bis 2	VI–VII	weiß bis rosa
Dufthimbeere	*Rubus odoratus*	1–2	VII–VIII	rosa
Japanische Weinbeere	*Rubus phoenicolasius*	2–3	VI–VII	hellrosa
Chinesische Brombeere	*Rubus tricolor*	bis 0,5	VII–VIII	weiß
Kanadischer Holunder	*Sambucus canadensis* 'Maxima'	3–5	VI–VII	cremeweiß
Schwarzer Holunder	*Sambucus nigra*	5–7	VI–VII	weiß
Traubenholunder	*Sambucus racemosa*	2–3	IV–V	gelblichgrün
Eberesche	*Sorbus* in Arten und Sorten	bis 20	V–VI	weiß

Fruchttragende Hecken

○–◐	leicht bis schwer	bekannter Fruchtstrauch mit schwarzen Beeren, stark aromatischer Geruch, viele Kultursorten im Handel
○–◐	leicht bis schwer	Urform der rot- und weißfrüchtigen Gartenjohannisbeersorten
○–◐	leicht bis schwer	Urform der im Handel befindlichen Stachelbeersorten (zweite Wildform: *R. divaricatum*)
○–◐	leicht bis schwer	unterschiedlichste Arten und Formen im Handel, Hagebutten vielfältig verwertbar
○–●	leicht bis schwer	mehr oder minder bedornte Sträucher, zum Teil mit immergrünem Laub, einige Fruchtsorten im Handel
◑–●	leicht bis mittel	Ausläufer treibender Strauch mit großen, duftenden Blüten, rote Früchte, vorzüglich unter Bäumen gedeihend
◑–●	mittel bis schwer	anspruchsloser Strauch mit dichtbehaarten Trieben, Früchte orangerot, säuerlich süß, Ausläufer treibend
◑–●	mittel bis schwer	Zwergstrauch, flach auf dem Boden aufliegend, Ausläufer treibend, kugelige, hellrote Früchte, an geschützten Stellen als Flächenbegrünung
○–●	mittel bis schwer	riesenblütiger Holunder mit dunkelroten, dicken Früchten, Ausläufer treibend, nur für große Gärten, Frucht vielseitig verwendbar
○–●	leicht bis schwer	stark duftende Blüten in Doldentrauben, Früchte schwarz, glänzend, altbekannte Heilpflanze
○–●	leicht bis schwer	sehr früher Austrieb, Blüten in langen Rispen, leuchtend rote Früchte, kalkfliehend, für Unterpflanzung geeignet
○	leicht bis schwer	sehr viele Arten und Sorten im Handel, für den Garten sollten großfrüchtige und wohlschmeckende Sorten bevorzugt werden (*S. aucuparia* 'Moravica' und 'Rosina')

Schallschutzhecken

Der Weißdorn paßt in eine Schallschutzhecke.

Schallschutz durch Hecken

In zunehmendem Maße werden Wohngebiete und damit auch Haus und Garten durch Lärm beeinflußt. Viele Lärmquellen entstehen erst nachträglich, so daß von baulichen Einrichtungen mit Lärmschutzwirkung nur bedingt Gebrauch gemacht werden kann.

Bäume und Sträucher können grundsätzlich alle zur Minderung des Lärms beitragen. Vorteile bieten jedoch solche Arten mit relativ großen Blättern, die möglichst senkrecht zur Schallquelle hin, schuppenförmig übereinander angeordnet sind. Günstig sind auch Gehölze, die im Inneren des Strauches bzw. Baumes eine hohe Laubdichte aufweisen und im Winter das Laub lange halten.

Grundsätzlich ist die Pflanzung so aufzubauen, daß sie von unten her nicht verkahlt. Zur Lärmquelle hin sollte der Laubschirm fächerförmig übereinandergreifen.

Öffnungen im Wuchsraum mindern die Schallschutzwirkung. Bei der Pflege sollte deshalb jeder unnötige Eingriff vermieden werden, um die schirmförmige Anordnung der Laubfläche nicht zu zerstören.

Bei beginnender Verkahlung muß durch gelegentliches Verjüngen die Dichte des Laubschirmes gefördert werden. Ein mehrschichtiger Aufbau (Grafik S. 9) entspricht den genannten Anforderungen.

Der Wollige Schneeball, *Viburnum lantana,* ist aufgrund seiner Wuchseigenschaften für die Lärmminderung besonders leistungsfähig.

Lärmminderungsvermögen von Gehölzen

Gehölze mit der Fähigkeit, den Lärm wesentlich zu mindern (Lärmminderungsvermögen von ca. 5 bis 10 dB) wurden in dem Pflanzplan 8 (S. 116) als Pflanzvorschlag zusammengestellt. Wie man sieht, ähnelt diese Pflanzengemeinschaft in gewisser Weise den freiwachsenden, landschaftsorientierten Hecken. Außer Flieder, Runzelschneeball und dem pflaumenblättrigen Weißdorn sind alle verwendeten Gehölze der heimischen Flora zuzuordnen und deshalb sehr anspruchslos.

Schallschutzhecken

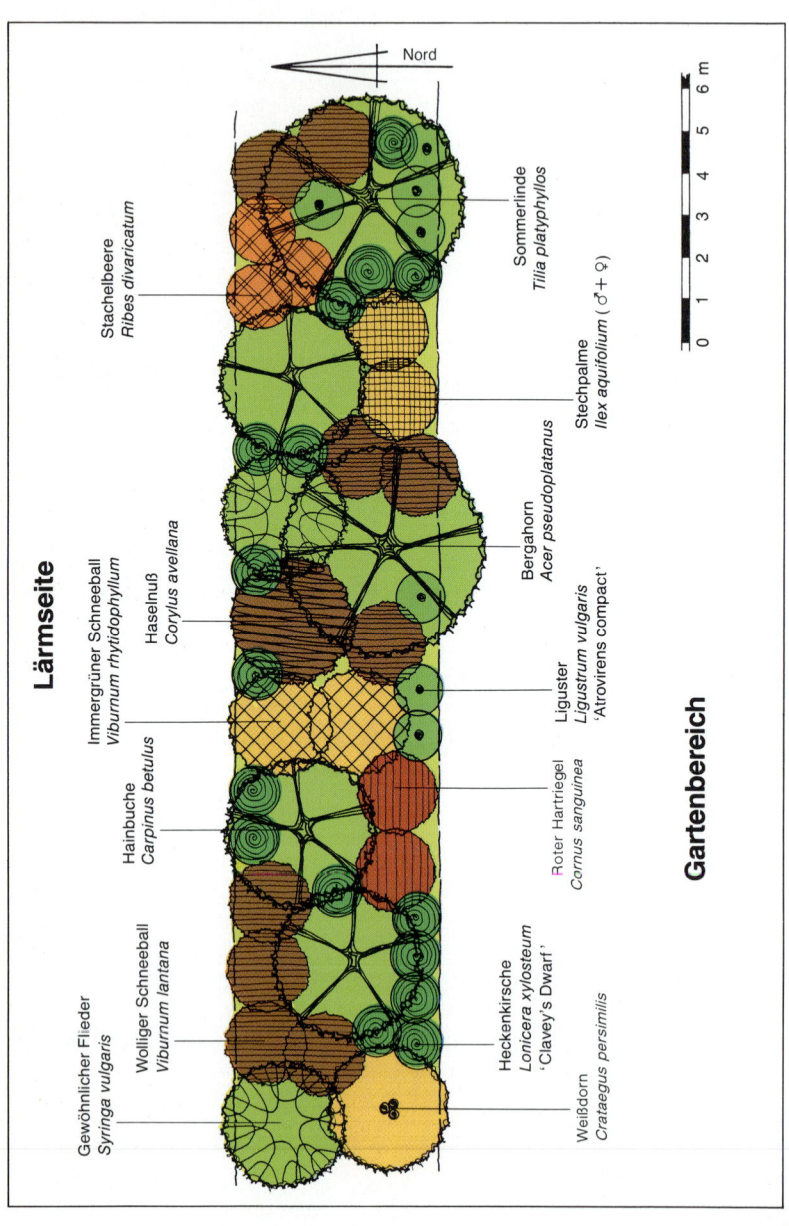

Nord

0 1 2 3 4 5 6 m

Lärmseite

Gewöhnlicher Flieder
Syringa vulgaris

Wolliger Schneeball
Viburnum lantana

Hainbuche
Carpinus betulus

Immergrüner Schneeball
Viburnum rhytidophyllum

Haselnuß
Corylus avellana

Stachelbeere
Ribes divaricatum

Sommerlinde
Tilia platyphyllos

Stechpalme
Ilex aquifolium (♂ + ♀)

Bergahorn
Acer pseudoplatanus

Liguster
Ligustrum vulgaris
'Atrovirens compact'

Roter Hartriegel
Cornus sanguinea

Heckenkirsche
Lonicera xylosteum
'Clavey's Dwarf'

Weißdorn
Crataegus persimilis

Gartenbereich

Schallschutzhecken

Tabelle 14 Pflanzenbedarf und Kosten – Mehrschichtige Schallschutzhecke

Stück	Art	Qualität	Einzelpreis ca.	Gesamtpreis ca.
2	Gewöhnlicher Flieder *Syringa vulgaris*	v. Str. 3 Tr., 60–100 cm	9,–	18,–
9	Wolliger Schneeball *Viburnum lantana*	v. Str. 4 Tr., 60–100 cm	8,–	72,–
3	Hainbuche *Carpinus betulus*	v. He. 2 × v. mB., 175–200 cm	58,–	174,–
2	Immergrüner Schneeball *Viburnum rhytidophyllum*	Str. mB., 80–100 cm	58,–	116,–
1	Haselnuß *Corylus avellana*	v. Str. 4 Tr., 60–100 cm	8,–	8,–
3	Stachelbeere *Ribes divaricatum*	v. Str. 3 Tr., 60–100 cm	8,–	24,–
1	Weißdorn *Crataegus persimilis*	v. Str. 3 Tr., 60–100 cm	12,–	12,–
16	Rote Heckenkirsche *Lonicera xylosteum* 'Clavey's Dwarf'	v. Str. 4 Tr., 40–60 cm	9,–	144,–
2	Roter Hartriegel *Cornus sanguinea*	v. Str. 4 Tr., 60–100 cm	7,–	14,–
7	Liguster *Ligustrum vulgare* 'Atrovirens Compact'	v. He. ab 6 Tr., 60–100 cm	6,–	42,–
1	Bergahorn *Acer pseudoplatanus*	Hei. 2 × v., 250–300 cm	36,–	36,–
2	Stechpalme *Ilex aquifolium*	Str. mB., 80–100 cm	88,–	176,–
1	Sommerlinde *Tilia platyphyllos*	Hei. 2 × v., 250–300 cm	43,–	43,–

Gesamtpreis ca. DM 879,–

Stand Frühjahr 1998, Abkürzungen siehe Seite 75

Schallschutzhecken

Die Pflanzung dürfte etwa eine Höhe von durchschnittlich 8–10 m erreichen, wobei die beiden baumartigen Gehölze Ahorn und Linde nach Erreichen dieser Höhe gelegentlich zurückzustocken sind, da es für die Schallminderung ungünstig ist, wenn einzelne Bäume aus der Hecke wesentlich herausragen. Man kann auch auf Ahorn und Linde verzichten, wenn eine Wuchshöhe von 3–4 m nicht überschritten werden soll. Allerdings ist die Schalldämmung gerade dieser Baumarten besonders groß. Im Pflanzbeispiel könnten statt der Bäume Haselnuß, Weißdorn oder Schneeball gepflanzt werden.

Bei sehr hoher Lärmbelästigung wird die vorgestellte Pflanzung allein keine ausreichende Schutzmaßnahme darstellen. Im günstigsten Falle ist sie in der Lage, die Lautheit des Lärms auf die Hälfte zu vermindern. Es muß deshalb im Einzelfall überlegt werden, ob die Möglichkeit besteht, diese Pflanzung auf einen Erdwall anzusiedeln. In diesem Fall wäre die Anzahl der Pflanzen etwa um 10–20% zu erhöhen, weil durch die wallartige Überhöhung die Oberfläche der Pflanzfläche vergrößert wird. Bei einer Wallbreite von 5 m ist etwa eine Erdaufschüttung von ca. 1,5 m Höhe möglich. Denkbar ist auch, im Inneren der Pflanzung ein Schallschutzgitter aus Holz einzubringen, das vor allem in der Zeit der Entwicklung der Pflanzen einen sofortigen Schallschutz bietet. Je

nach Größe des beschafften Pflanzgutes muß man sonst einige Jahre warten, bis die Pflanzung tatsächlich lärmhemmend wirkt.

Oft reicht der Platz für eine mehrschichtige Hecke, wie sie hier vorgeschlagen wurde, nicht aus. In diesem Fall könnte auch an eine geschnittene Hecke gedacht werden. Von der Struktur her dürfte die Schallschutzwirkung einer Hainbuchenhecke günstig einzuschätzen sein.

Ungeschnittene Hecken bieten sich ebenfalls an. Haselnuß, Flieder, pflaumenblättriger Weißdorn und runzelblättriger Schneeball sind dafür gut geeignet. Allerdings muß hier auch schon mit einer Breite der Hecke von 2–3 m gerechnet werden.

Pflanzung und Pflege

Für die im Pflanzplan 8 vorgeschlagene Schallschutzhecke von ca. 5 m Breite und 25 m Länge sind die erforderlichen Gehölze als Bestellliste gemäß Tabelle 14 (S. 117) aufgeführt. Für die Pflanzung gelten sinngemäß die Anmerkungen im Kapitel »Naturhecken« (S. 22–24). Spezielle Maßnahmen für die Entwicklung der Schallschutzhecke sind vor allem in der Entwicklungszeit sinnvoll. Zur Erzielung eines möglichst dichten Wuchsraumes der verwendeten Pflanzen sollten die ersten 2–3 Jahre jeweils die Seitentriebe, aber auch die Mitteltriebe der Gehölze im Frühjahr vor

Schallschutzhecken

Der Immergrüne Schneeball, *Viburnum rhytidophyllum*, erfüllt viele Forderungen, die an Schallschutzgehölze gestellt werden: Großes, fächerartig übereinandergreifendes Laub, Blattanordnung senkrecht zur Lärmquelle, dichte Struktur bis zum Boden, möglichst große Einzelblätter, die sich auch im Winter an der Pflanze befinden.

dem Austrieb um die Hälfte eingekürzt werden. Dies gilt für alle verwendeten Arten außer bei dem runzelblättrigen Schneeball und der Stechpalme. Diese entwickeln sich auch ohne Schnitt sehr dicht. Bei der ohnehin geringen Wuchsgeschwindigkeit sollte man den Zuwachs daher nicht einkürzen.

Durch den Formierungsschnitt werden die Pflanzen von innen heraus sehr viel mehr Seitenäste bilden und dadurch gegenüber dem natürlichen Wuchs eine stärkere Verzweigung aufweisen. Allerdings muß dann bis zum Erreichen einer geschlossenen Hecke etwas mehr Geduld aufgebracht werden.

Rankwände

Eine Sonderform der Hecke sind freistehende Rankwände. Dazu werden Rankhilfen aus Stein, Metall oder Holz mit geeigneten Schlinggehölzen begrünt.

Der Vorteil dieser Kombination aus technischen Hilfsmitteln und Pflanzen liegt insbesondere im geringen Platzbedarf, wobei gleichzeitig sehr große Heckenhöhen möglich sind.

Nach der Herstellung der Rankhilfen sind nur noch unwesentliche Pflegearbeiten, vor allem kein regelmäßiger Flächenschnitt notwendig.

Auch Blüten, Früchte und Herbstlaub sind von solchen Pflanzungen durchaus zu erwarten, wenngleich sie diesbezüglich natürlich nicht mit mehrschichtigen oder geschnittenen Hecken in jedem Falle konkurrieren können.

Mit einigen Randpfählen und daran gespannten Drähten im Abstand von ca. 50 cm läßt sich rasch und preiswert ein sehr leichtes, wenig auffälliges Rankgerüst herstellen, das nach einigen Jahren vollständig unter den Pflanzen verschwindet.

Vor allem zur Abgrenzung von Gartenteilen z. B. Wohngarten vom Gemüsegarten; Sichtschutz an Terrassen und auch als Grenzhecke bietet sich diese Lösung an. Auch ein vorhandener Maschendrahtzaun kann auf diese Weise in eine Rankhecke umgewandelt werden.

Die starkwüchsige Gold-Waldrebe kann sogar sehr hohe Zäune vollständig überziehen. Die wolligen Früchte zieren auch noch im Spätherbst.

◁ Eine Rankhecke aus *Lonicera*.

Für niedrige Rankhecken bis zu einer Höhe von etwa 1,50–2,00 m ist die Alpenwaldrebe besonders geeignet. Im Frühling ist diese Wildart übersät mit blauen Blütchen.

Pflanzenauswahl

Es gibt viele Schlinggehölze, die für diesen Zweck geeignet sind. Dazu gehören vor allem stark wachsende Arten wie Blauregen *(Wisteria sinensis),* das immergrüne Geißblatt *(Lonicera henryi)* und Wilder Wein *(Parthenocissus quinquefolia* 'Engelmannii'; *P. tricuspidata* 'Veitchii'). Besonders reizvolle Rankhecken können mit den Wildarten der Waldreben gestaltet werden. Zwar sind diese nur sommergrün, aber bezüglich Blütenfülle und durch die meist den ganzen Winter haftenden

Fruchtstände wird dieser Nachteil mehr als ausgeglichen. Für sonnige bis halbschattige Standorte können dafür die bis ca. 4 m hoch werdenden Gold-Waldrebe *(Clematis tangutica)* und die rote Bergrebe *(Clematis montana* 'Rubens') verwendet werden.

Erheblich niedriger, etwa für Wände mit Höhen bis ca. 2 m geeignet, bleiben die blaue Alpen-Waldrebe *(Clematis alpina)* und ihre Sorten. Ebenfalls bewährt hat sich die etwas stärkere, Italienische Waldrebe *(Clematis viticella)* mit rosavioletten Blüten.

Die meisten großblumigen Gartensorten sind für Rankzäune nicht geeignet, da sie zu wenig dichtes Zweigwerk ausbilden. Sie sind besser bei der Begrünung von Wänden an geschützten Standorten zu verwenden.

Nahezu undurchdringlich werden Rankhecken aus Brombeeren; besonders wertvoll sind hierbei immergrüne Sorten z. B. 'Thornless Evergreen', die aber für einen etwas windgeschützten Standort dankbar sind.

Efeu *(Hedera helix)* berankt nicht nur Mauern. An absonnigen Stellen mit frischem Boden kann er auch an Drähten hochwachsen und sehr dichte, immergrüne Rankhecken bilden. Allerdings muß man schon einige Jahre Geduld haben, bis er eine Höhe von ca. 1,5–2 m erreicht. Besonders wuchsfreudig und deshalb manchmal lästig werdend, ist der weiße Knöterich *(Fallopia aubertii)*. Wenn es darum geht, möglichst rasch eine zumindest im Sommer sehr dichte und hohe Rankhecke zu bilden, ist diese Pflanze sicher sehr wertvoll. Eine Breite von ca. 1 m muß man für diese Wand aber schon vorsehen, wobei er nährstoffreiche Böden in sonniger Lage bevorzugt.

Anlage und Pflege
Bei starkwüchsigen Arten genügt es, im Abstand von ca. 2–3 m eine Pflanze zu verwenden. Bei den schwachen Arten sind etwa 1–1,5 m Pflanzabstand einzuhalten. In den ersten Jahren ist es notwendig, die Triebe der Schlinger an den Rankgerüsten anzuheften. Auch selbstrankende Arten sind dafür dankbar. Vor allem muß man versuchen, auch im unteren Bereich der Hecke waagrechte Triebe zu ziehen. Es entstehen sonst gerne Lücken, weil die Pflanzen zunächst vorwiegend nach oben wachsen.

Geschnitten wird nur, wenn sich die Ranker gar zu wild gebärden. So kann gelegentlich der Knöterich, die Gold-Waldrebe oder auch der Blauregen einen Rückschnitt vertragen. Dieser sollte dann im Frühjahr durchgeführt werden. Die Regeneration gestaltet sich problemlos, da diese Arten gut Neutriebe bilden.

Rankhecken aus Brombeeren blühen ansprechend und liefern schmackhafte Früchte. Einige Sorten sind wintergrün. Allerdings muß man ihnen viel Platz im Garten zur Verfügung stellen.

Bezugsquellen

Pflanzen für Hecken werden vorzugsweise von Qualitätsbaumschulen angeboten. Die Geschäftsstellen des Bundes deutscher Baumschulen in den jeweiligen Bundesländern nennen gerne entsprechende Lieferfirmen.

Landesverband Baden
Industriestraße 1, 89423 Gundelfingen
Telefon: 0761/584524

Landesverband Bayern
Buxacher Straße 105, 87700 Memmingen
Telefon: 08331/73051

Landesverband Berlin
Lettberger Straße 95
12355 Berlin – Rudow
Telefon: 030/6635041

Landesverband Brandenburg
Lessingstraße 82a
15236 Petershagen
Telefon: 0037/3997376

Landesverband Hamburg
Kanzleistraße 48, 22609 Hamburg
Telefon: 040/8228080

Landesverband Hannover
Johannsenstraße 10, 30159 Hannover
Telefon: 0511/3665399

Landesverband Hessen
An der Festeburg 31
60389 Frankfurt/Main
Telefon: 069/471020

Landesverband
Mecklenburg/Vorpommern
Wismarsche Straße 35, 18236 Kröpelin
Telefon: 0037/8292246

Landesverband Rheinland
Postfach 680209, 50705 Köln
Telefon: 0221/715100

Landesverband Rheinland-Pfalz-Saar
Burgenlandstraße 7
55543 Bad Kreuznach
Telefon: 0671/66956

Landesverband Sachsen
Nickerner Weg 7, 01257 Dresden
Telefon: 0037/5122387 81

Landesverband Sachsen-Anhalt
Halberstädter Chaussee 1
39116 Magdeburg
Telefon: 0037/9151863

Landesverband Schleswig-Holstein
Bismarckstraße 49, 25421 Pinneberg
Telefon: 04101/20590

Landesverband Thüringen
Burgstraße 57, 99986 Oberdorla
Telefon: 0037/6257 5602

Landesverband Weser-Ems
Etzhorner Weg 73, 26125 Oldenburg
Telefon: 0441/301805

Landesverband Westfalen-Lippe
Altes Feld, 59821 Arnsberg 2
Telefon: 02931/3201

Landesverband Württemberg
Neue Weinsteige 160, 70180 Stuttgart
Telefon: 0711/6403046

◁ Rankhecke aus *Clematis*.

Register

Register

Botanische Namen

Acer 14, 29, 33, 60, 76, 117
Aesculus 14, 60
Alnus 14, 60
Amelanchier 14, 39, 47, 53, 60, 108
Aronia 108
Aster 57

Berbertis 14, 53, 60, 76, 94
Betula 14, 60
Buddleja 60
Buxus 62, 76, 94

Calyanthus 62
Campanula 57
Caragana 62
Carpinus 14, 29, 33, 39, 76, 117
Caryopteris 94
Castanea 108
Cercis 62
Cercidiphyllum 62
Chaenomeles 94, 107, 108
Chamaecyparis 80
Chionanthus 62
Clematis 14
Clethra 62
Colutea 62
Cornus 14, 29, 33, 39, 47, 62, 76, 106, 108, 117
Corylopsis 14, 29, 33, 39, 108, 117
Cotinus 62
Cotoneaster 14, 47, 53, 56, 62, 64, 94, 106, 108
Crataegus 14, 16, 64, 76, 78, 108, 117
Cydonia 107, 108
Cytisus 16

Daphne 16
Deutzia 53, 64, 94
Dictamnus 57
Diervilla 53

Elaeagnus 53, 64, 108
Euonymus 16, 33, 64
Exochorda 64

Fagus 16, 78
Forsythia 39, 47, 53, 64
Fraxinus 16, 64

Genista 16
Geranium 57

Halesia 64
Hippophaë 16, 108
Holodiscus 64
Hypericum 94

Ilex 78, 94, 117
Inula 57

Juglans 16, 108

Kerria 66
Kolkwitzia 53, 56, 66

Laburnum 16, 56, 66
Larix 80
Lespedeza 66
Ligustrum 16, 29, 33, 39, 66, 78, 94, 117
Lonicera 16, 29, 33, 39, 47, 66, 78, 117

Mahonia 96, 106, 110
Malus 16, 47, 66, 100
Mespilus 110
Morus 110

Origanum 57

Parrotia 66
Philadelphus 66, 96

Physocarpus 66
Picea 80
Pinus 56
Populus 18
Potentilla 53, 56, 68, 78
Prunus 18, 47, 68, 78, 96, 110
Pyracantha 53, 68, 78, 106, 110
Pyrus 18, 110

Quercus 18

Rhamnus 18
Rhodotypos 53, 68
Ribes 18, 39, 68, 78, 96, 110, 112, 117
Rosa 18, 29, 33, 39, 68, 96, 106, 112
Rubus 18, 68, 107, 112

Salix 18, 20, 96
Sambucus 20, 39, 68, 106, 112
Sorbaria 68
Sorbus 20, 29, 33, 39, 68, 106, 112
Spiraea 53, 56, 68, 78, 80, 96
Staphylea 70
Stephanandra 70, 98
Stranvaesia 70
Symphoricarpos 70, 98
Syringa 39, 47, 56, 70, 117

Tamarix 70
Taxus 80
Thuja 80
Tilia 20, 80, 117

Veronica 57
Viburnum 20, 29, 33, 39, 47, 53, 56, 57, 70, 98, 117

Weigelia 70

Gärtnern im Einklang mit der Natur

für Menschen und als Lebensraum für Pflanzen und Tiere: Anlage und Gestaltung, Porträts verschiedener Wildgartentypen mit Plänen und Pflanztabellen, Pflanzenaussaat, Pflege und Vermehrung. Empfohlen vom Naturschutzbund Deutschland.

Reinhard Witt
Wildpflanzen für jeden Garten
1000 heimische Blumen, Stauden und Sträucher Anzucht, Pflanzung, Pflege Vollständiger Überblick über das ganze Pflanzenspektrum, geordnet nach 16 Bioptoptypen; Anzucht, Pflanzung, Pflege und Vermehrung von Wildpflanzen. Empfohlen von Naturgarten e.V.

Martin Stangl
Stauden im Garten
Auswahl · Pflanzung · Pflege
Sonnen-, Schatten- und Prachtstauden, Gräser und Steingartenstauden: alle wichtigen Arten und Sorten mit Informationen zu Auswahl, Pflanzung und Pflege sowie Pflanzplänen und Arbeitskalender.

Reinhard Witt
Naturoase Wildgarten
Überlebensraum für unsere Pflanzen und Tiere. Planung, Praxis, Pflege. Bedeutung von Wildgärten

Gärtnern leicht und richtig
Karlheinz Jacobi
Ziergehölze
Blühende Ziergehölze und große Sträucher; Ziergehölze für den Schatten,

als Bodendecker, für Blütenhecken, für Balkonkästen und vieles mehr; Pflanzung, Pflege, Düngung, Schnittmaßnahmen, Pflanzenschutz.

Gärtnern leicht und richtig
Karlheinz Jacobi
Rosen
Rosenarten und -klassen, Rosen mit besonderen Eigenschaften; Wo Rosen am schönsten blühen; Rosen und Partner: Stauden, Gräser, Gehölze; Pflanzung, Vermehrung, Pflege, Pflanzenschutz und vieles mehr.